激

伊藤幸司

激ヤバ

目次

僕はグラップラー刃牙をはく

「これ、やるよ」

吹き抜けの階段の最上段で、不思議な笑みを浮かべ、長髪を揺らしながらその人は言った。手すりからふと階段の下を覗くと、子どもの頃の自分と目が合ったような気がした。

それは、M－1グランプリ2004で初めて見て、大好きになった人だった。

僕に手渡されたのは、3枚の靴下だった、白い靴下にふちのところがカラーリングされていて、それぞれ『グラップラー刃牙』のキャラクターがプリントされていた。ふちが赤の靴下に範馬勇次郎、灰色の靴下に範馬刃牙、青の靴下に花山薫がいた。


M－1グランプリ2004で、POISON GIRL BAND（ポイズンガールバンド）は僕の目の前に圧倒的な質量をもって突如として降ってきた。初めて見たその人たちは、サンパチマイクを挟んで立って、中日をミルクと混ぜて中日オレにして、缶の底に溜まったつぶつぶ中日を飲もうとしていた。

「絶対お笑いで1番になるんだ！」

夜、真っ暗な布団の中で、根拠のかけらもない自信を全身にまとわせ、「全部ぶっ倒してやる！」と妄想だけが毎夜爆発炸裂していた太っちょでどうしようもない一度もボケたことなんてない僕の目に、そのときのポイズンさんは、白夜のように美しく光っていた。中日の選手の帽子からは鳩は出てこないけど、僕の布団の隙間からは、ボッサボサの鳩が無限に飛び出していった。

Ｍ－１グランプリは、たくさんたくさん好きな芸人さんを脳と心に増やしてくれた素敵な大会で、POISON GIRL BAND は、その中でも、脳でも心でもベスト３に確実に入る大好きな芸人さんになった。

初めて自分でお金を出して行ったライブは、ポイズンさんの１時間漫才ライブだった。１時間笑いっぱなしで、「漫才は爆発だ！」と興奮して、なぜか岡本太郎になったような気持ちで家に帰った。後に、「太陽の塔」内部を登った。登って降りていろいろなことが起こって、１時間くらいだった。僕の中では、POISON GIRL BAND の１時間漫才の方が面白かった。

その後、よしもとNSC養成所の門を叩いてクビになってランジャタイを組んでソニーに入ってフリーになって、あっという間に過ぎた8年間。フリー時代の5年間は、ライブも出ずにずーっと家にいて、毎月それぞれの家に集まり、ビデオに録りためたランジャタイの漫才をランジャタイ2人で客として観るという単独ライブを開催していた。

ちゃんとライブの雰囲気を出すために、一度喫茶店などで待ち合わせをして、一緒にライブ会場（家）に行ったりしていた。第9回がすべりすぎて、アンケートにお互いの悪口を書きまくり大喧嘩になった。

そんな調子で外の世界を知らないまま、全くの鳴かず飛ばずでM－1予選は全て1回戦落ち。コンビ名を変えたり再エントリーなどを駆使して、1年間に3回も1回戦で落ちたこともあった。

やっと進めたM－1グランプリの2回戦、2015年10月12日。

Hグループにランジャタイ、大トリにはPOISON GIRL BANDがいた。

相当な気合を入れて臨んだ2回戦、「高校最後のサッカー試合、同点でPK戦へ。そのラストキッカーに選ばれた。決めたらヒーローだ」という漫才で挑んだ。

かなり笑いをいただいたなーと思ったものの、結果は敗退。

その結果を見たときは納得がいかなかったけど、今になってよく振り返ってみると、僕らの前の出番だったや団さんが、裸でプロレスのマスクをかぶって出ていって、雄叫びをあげながらお互いの胸にチョップしまくり、まだ漫才の途中にもかかわらず、無笑のなか袖にはけてきて胸ぐらつかみ合いの喧嘩を始めた（ロングさんがいらないアドリブを入れたらしかった）のが面白すぎて、身を乗り出して笑ってしまい、ランジャタイ2人とも袖から一瞬出てしまったので、それが原因なのかもしれない。失格。

それはそうと！

舞台袖をふらふらしていた僕たちの目の前に、POISON GIRL BAND の吉田さんが現れた。

（うわ！　吉田さん！）とびっくりする間もなく、吉田さんが話しかけてきた。

「ウケた？」

（！！！）

僕は、第一声で「大好きです」と言いそうになるのをすんでのところでこらえ、うわあひゃああと脳内がぐるぐるしてまともなお話になりそうになかったので、どうしようと目を白黒青赤くるくるぴかぴかさせていると、国崎くんがすらすらとまるで当たり前の日常の一部みたいに会話していた。

「ウケましたよ！　次の予選でまたお会いしましょう！」みたいなことを言っていた。もちろん我々は見事敗退したので、このときの国崎くんはただの嘘つきだった。

後でわかったのだけど吉田さんは僕たちのことを知ってくださっていたようで、たくさん漫才を褒めてくださった。

その後、いろいろな方とランジャタイをつなげてくださって、たくさんライブもご一緒させていただいたり呼んでいただいて、気がついたら、

『もしもポイズンとランジャタイが天下を取ったら』

なんてタイトルのライブまで開いていただいた（ポイズンさんとランジャタイが天下を取った仮定の世界で、天下人として、世間の話題を好き放題無責任に斬りまくる！というライブです）。すごすぎる嬉しすぎる楽しすぎる！

そんな中で、ポイズンの阿部さんと『グラップラー刃牙』の話題で意気投合した。

そこから仲良くさせてもらい、本当にいろいろなことがあった。

何度もご飯に連れて行っていただいたり、阿部さん考案のオリジナルゲームをしたり（それぞれが行きたいお店を選びジャンケンして勝つとそのお店の前に行ける権利を得ることができ、お店の前でまたジャンケンをして有権利者が勝てばその店に入れる。負けたら一からやり直し。階段があった場合はその階段を上る権利のためのジャンケンをまた改

めてしないといけない。負けたらやり直し。お金は阿部さんが全部払ってくれる。3時間ほど下北沢の街を歩き回ったこともある。最後の方は、自分が生み出したゲームなのに、どこでもいいから入りたいと阿部さんが泣いていた)。

カナリアのボンさんの家に住みそうになったり(阿部さんとランジャタイでご飯を食べていると、急に「ボンを呼ぼう」と阿部さんが言い出し、そのときの僕らは完全に無名だったので、阿部さんが思いつきで、「お前ら、芸人目指して田舎から出てきて、今日俺の出待ちをして、そのままついてきたやつの設定でいこう」とおっしゃる。ボンさんが来て、その通りに純朴な田舎の青年を熱演していると、最初は疑い半分だったボンさんが途中から完全に信じてしまい、阿部さんの「こいつら行くとこないからよ、ボンの家に住まわせてやってくれよ」との提案にまさかの承諾。そして、ボンさんの家に向かう途中のコンビニで、ボンさんが「お前ら腹すかせとるやろ、遠慮なく何でもカゴに入れろ!」と言った。だんだん怖くなってくる僕たち。阿部さんもドン引き、「あいつやベーだろ、逃げるしかない」の一言で、商品を選ぶボンさんを撒いて逃げ出してしまった。その後しばらくしてボンさんから鬼電。やばいこれはさすがに全部ばれてしまった、怒られる、と恐る恐る電話に出てみると、「どこ行ったんや! 大丈夫か? 変なとこ行ってへんか!」とまさかの田舎の青年へ向けた心配の電話だった。さすがに事情を話して、「実は芸人をやってるんです」と謝罪と改めてご挨拶をさせていただくと、「やってくれたな」とあきれ笑いをされていた。なんて優しい！）。

阿部さんのバイクの後ろに乗せてもらって、メイプル超合金の安藤なつさんの家にたこ焼きパーティーに行ったりもした（僕は初めてのバイクに、阿部さんの背中にしがみついて、ジェットコースターみたいな感じで一人ギャーギャー騒いでいた）。

今はもう、あの頃の記憶は眩しすぎて光の中に消えていってしまいそうだけど、僕は今も夢の続きを生きている。

ある日、下北沢の劇場でポイズンさんと一緒になった。

「これ、やるよ」

吹き抜けの階段の最上段で、不思議な笑みを浮かべ、長髪を揺らしながらその人は言った。M－1グランプリ2004で初めて見て、大好きになった人だった。

僕に手渡されたのは、3枚の靴下だった、白い靴下にふちのところがカラーリングされていて、それぞれ『グラップラー刃牙』のキャラクターがプリントされていた。ふちが赤の靴下に範馬勇次郎、灰色の靴下に範馬刃牙、青の靴下に花山薫がいた。

２０１６年以降、Ｍ－１グランプリの全予選の漫才で、この阿部さんにもらった靴下をはいている。

まだこの靴下で決勝にたどり着けてはいないけど、いつかきっと必ず出たい。いや絶対に出る。

最初は真っ白だった靴下も、なんだかすっかり黒ずんでしまった。

それでも目指すは1番だ。勝つぞー！　あと2年！　やば！

ある予選の日。会場での待機列の場所が吹き抜けの階段になっていた。受付を済ませ、舞台への階段をゆっくりと上る。

ふと上を見上げた。子どもの頃の自分と目が合ったような気がした。

19回目の夏の君へ

暑い。暑い１秒が連続する季節がやってきた。灼熱の刹那が僕を襲う。これで、もう36回目というのだから信じられない。

この季節に行く夜の公園が好きだ。ジョギングがてら、夜の公園に寄ることも多い。

ある日、蒸し暑い夜の公園で一人、ぼーっとしていると、セミの幼虫の大行進に出くわした。

なかなか壮大な光景だ。見える限りでも、20匹はいるであろう。地面は穴ぼこだらけだ。それぞれのセミが、それぞれのセミなりの高いところを目指して、しっかりと地面を踏み締めている。一歩一歩が力強い。

観察していると、セミのちびっ子ちゃんみんな、かなりの個性があるなあと感じる。高いところを目指しているのは共通しているのだが、遥か高い木に登ってひたすら上を目指している子もいるし、適当な低めの壁で折り合いをつけて、ある程度のところで羽化を始める子もいる。同じ木でも、結構低めのところで羽化していたり、到底手の届かないような高いところで羽化していたり。低めのところの子は、あんまり高いとこに登るのはしんどかったのかなあ？　〝あんな高くまで登ってられねえよ！　この辺でいいだろ！〟てな感じなのだろうか。

2匹ぴったり並んで一緒に木を登っている子もいて、絶対この子たちは土の中から仲良しで、一緒に登って羽化しようねって約束してたんだろうなあと思う。幼なじみなのか、兄弟か、姉妹か、双子か、恋人か、許嫁か、それとももう夫婦だったりするのだろうか。それだったら早く成虫になって愛の営みとかしたかっただろうなあ。土の中ではプラトニックでとても青春だったろうなあ。

思ったより早く背中が割れてきて、行きたい高さまで到達してないのに予期せぬ羽化の子もいるのだろうか。

もちろん、地面の中で一生を終えたい、外になんて出たくないって子もきっといるだろう。断固たる意志で、出ないという選択肢をとった子だっているに違いない。

公園が、セミ生命に満たされていた。僕はその姿に魅せられ、目が釘付けになっていた。

あるセミちゃんに目が止まった。背中が割れ始めている。パリパリと小さな音がする。

その深淵から、まだ、色がついてない、真っ白な身体が少しずつ見えてきた。

僕は背中にじんわりと汗をかき、セミのその姿をじーっと見ながら、意識が飛ぶ。なぜだか生まれて19回目の夏のことを思い出していた。

19歳の夏。まだNSCに行く前。僕には悩みがあった。

大きな声では言えないが、ちんこが泣けるほど包茎であった。

どのように泣けるのかというと、皮が余りすぎて、まるで瓢箪のような形になっていた。金角銀角に呼ばれて返事をしたら、僕はきっとこのちんこ瓢箪の中に吸い込まれて出られなくなってしまうだろう。まるで落語の『頭山』のような話だ。

おしっこをすると、瓢箪の上の部分におしっこがたまってしまい、毎回それを指で搾り出さねばならなかった（汚い話を延々とすみません）。お小水を搾るのはもう勘弁。搾るのは、レモンと雑巾と乳牛の乳だけにしたいものである。

搾りがたまらなく情けなく、トイレに行くたびに、宇宙生命体ランキングの順位が下がっていくような気がしていた。

これは良くない。

その夏、僕は一大決心をし、包茎手術をすることにした。

インターネットで評判の良さそうな病院を探し、メールで予約をし、病院に向かった。

ドキドキ。先生は、見た目でいうとまるで宮崎駿のようで白髪のいいおじいちゃんという印象だった。

宮崎駿がすこぶる好きな僕は、それだけで信頼を置けるような気がした。ここで、手術を受けよう。

ドキドキ。手術の日取りを決める。

ドキドキ。高揚と不安を戦わせながら、おうちに帰った。

手術前日の夜。これで、もう、搾乳のようにお小水を搾り出すこともしなくていいんだ。希望に満ちた日々がきっと待っているはずだ……。

いや、本当にそうなのだろうか。何か穴はないのか。

何でも、前日というのは不安が蠢《うごめ》くものである。不安の闇に飲み込まれそうになる。なぜだか穴ぼこだらけの地面を想像した。後悔だけはしたくない。

Google 検索で、

『包茎手術　後悔』

と検索してみた。

そうすると、出るわ出るわ。それでわかったことは、手術で皮を切られすぎて、つっぱる皮の痛みに苦しむ人がいるらしい。そしてつっぱられるせいで、手術の痕が、ミシン目のように醜く残ってしまうこともあるということだった。

恐怖に震える。これは、なんとか先生にお伝えしなくてはならない。なんとか、ちんこをきれいに羽化させてあげなくては。羽を広げやすいよう、少し余裕を持って切ってもらおう。

僕のちんこのように不安に包まれながら、手術当日を迎えた。


晴天の真夏、蒸し暑い日の午前中だった。ちりちりと首元を日光が灼《や》く。辟易する。病院の門を叩く。

受付には、宮崎駿。なぜ、院長先生が受付に。手術着がエプロンのように見えて、本当に宮崎駿みたいだった。

話を聞くと、その日の午前中は助手さんが午前休を取っていたらしく、先生と僕、マンツーマンの手術になるということらしい。

「こっちにおいで」

手術室に案内される。ドキドキ。手術室に入った。

清潔ないい感じのお部屋で、言われるがまま黒い台に寝転がる。麻酔を受けて、手術が始まった。

先生はとってもお話し上手・聞き上手で、切られていることを感じさせないような、流れるようなトークをしてくれる。僕は、家族のことから、お笑い芸人を目指していることまで、何でもかんでも話してしまった。

2人の談笑が続く。その流れの中で、「そういえば」と僕が切り出す。

「インターネットで調べたんですけど、皮を切りすぎて、皮がつっぱってその後痛みに悩む人がいるらしくて、できれば少し余らせ目にして、余裕を持って切ってもらえないですか?」

ピタ、と時が止まった。

会話も止まったし、空気が一瞬にして張り詰めた。手の動きも止まった。

あれ?　先生??　どうされましたでしょうか。

「……先生?」

「君は……!　僕の腕が信用できないということだね。そんなことは全部わかった上で、こちらはやっているんだ。プロの仕事に素人が口を出すものじゃない。それならば、もう縫わない。他を当たってくれ!」

他を当たってくれと言われても、もう、ちんこが開いています。

「先生、そんなこと言わないでください。縫ってください」

「いや、もう、縫わない！　一生この開いたままでいればいい！」

縫わないって、あなた。

ふと、下のちんこを見ると、アジの開きみたいになっていた。とてもこの状態で過ごすことなんてできない。

しかし、当時、お笑いで天下を取ろうと意気込んでいた尖り最高潮の芸人前夜の僕は、売り言葉に買い言葉で言い返してしまった。

「なんなんですかあなた！　この状態で縫わないって、何がプロだよ！　プロ失格だよ！

縫わないって、そんなことが可能ならやってみろよ！」


「はい、わかりました」

宮崎駿はエプロンを取り、奥に引っ込んでしまった。


静寂が襲う。

音がなくなると、真っ白で、まるで『ドラゴンボール』の精神と時の部屋のようだ。

最初は「なんなんだよ！　あのじじい！」とぷんすかしていたが、当然身動きの取れない中で、首だけ動かして時計を見る。

3分が経ち、5分が経つ。1秒が永遠に感じられる。

やがて、もしかしたらこのまま本当に縫わない可能性もあるのでは、と絶望感に襲われ始めた。僕は、アジの開き人間のまま、残り80年を過ごすのだろうか。

そんなの嫌だ！　精神と時の部屋に閉じ込められた魔人ブウの気持ちがわかる。10分で、恐怖の限界を超えた。


「すみません、縫って、ください……。お願っ、いします」

ひっくひっく、うぐぐと嗚咽が混じる。

「僕が、悪かった、です……。ごめん、なさい」

人とはもろいものである。

奥から、宮崎駿が出てきた。しばらくこちらをじっと見つめる。そして何も言わず、エプロンをつけ、手術に取り掛かる。

縫われている間中、僕はひっくひっくと泣いていた。

「う、ひっ、う、ひっ、うぅ」と、嗚咽を押し殺す。

震えが下半身に伝わって手術に影響が出ないように、手の甲を噛んで上半身だけで泣いた。出てきたばかりの白いちんこも、すんなりとうまく外に出られないのが悔しそうで、鳴きたいけど、啼《な》けなくて、哭《な》いていた。

僕はなんて情けないんだ。なんて無力なんだ。人間とは弱い。もし、ちんこの皮を開く拷問があったなら、きっと僕はあっという間に国家の秘密でもなんでもペラペラと話してしまうだろう。

僕が泣き止んだ頃、ちょうど手術が終わった。

「終わったよ」

「ありがとうございます」

涙が引いた僕は、やけに冷静だった。

先生がかちゃかちゃと器具を片付けている姿が、極限まで鮮明に、少し遅く見える。もしかしたらこれがゾーンというやつなのかもしれない。

先生が、器具を片付けながら、背を向けたまま語る。

「お笑い頑張ってね。皮、君の言う通り、少し余らせ目にしといたから」

先生……‼

そのときの先生の背中は、故郷、鳥取の大山のように大きく見えた。

「ありがとうございます！　頑張ります！」

病院を出て、一歩一歩、地面を踏み締める。

なんだか空が違って見えた。身体に当たる熱気も心地いい。世界は、捉え方ひとつで同じものを見ても無限に変わる。

さあ、頑張ろう。ここからお笑いで世界に羽ばたくのだ。

そして包帯が取れ、1年が経ち、手術の傷は完全に癒え、NSCの門を叩いた。高い高い頂《いただき》を目指して。

ちんこは、縫い目がギザギザと、ミシン目のようになっていた。


36回目の夏の夜に戻ってきた。

セミちゃんが完全に羽化し、少し前まで身体の一部だった殻から出てきた。あのときの僕のちんこみたいだ。

ミーン！と産声をあげる。真夜中にセミが鳴いた。

ある夜、ふらふらと公園にたどり着いた。肌寒い夜だった。

砂場に寝転がって星を見ていたら、そばにあるブランコの前に立つ2人から、漫才のネタ合わせ丸出しの、掛け合いめいた声が聞こえてきた。知り合いかな? 漫才が終わり、耳をそばだてて会話を聞いてみると、どうやら2人はNSC生で、まだコンビを組んで間もないようだった。

顔をそっと盗み見ると、まるでまだ少年だ。漫才の稽古を終えてブランコに座り、キイキイとブランコを漕ぎながらあれやこれや無敵な野望をしゃべる2人は、きらきらと輝いていた。

主導権を握っているのであろうボケの人がお笑い論を語る。さまざまな身近な先輩を呼び捨てで批評していく。

今はこうこうこうこういうお笑いが流行っている。それに勝つにはこうすればいい。

Ｍ－１で決勝に行く。だからこの間《ま》で。こういう音で。こういう言い方でやってほしい。何度も同じセリフを言い直させて、違う、違うと事細かに発注している。ツッコミの人も、自分の意見を言いながら、ボケに喰らい付いているようだった。

何だかすごいなあ。その声を聞きながら視線を星空に戻し、僕は自分たちの結成したての頃はどんなだっただろうかとぼーっと思い出す。星空が木目の天井に変わっていく。

「～でさ！　ひとつになったのよ」

「何それ！　面白いね！」

国崎くんの家で、僕たちは漫才の真似事みたいな感じで、蛍光灯の紐をマイク代わりに２人で立ってしゃべっていた。国崎くんがボケて、僕はツッコむこともなくケラケラと笑っていた。そして笑う僕を彼はへらへらと見ていた。

漫才のような、まだ何だかよくわからないものが終わり、座って、お互いのことを話し合う。エアコンの暖房を入れても、壁の継ぎ目から熱が出ていってしまって暖まらないような寒い部屋で、僕たちはボロボロのダウンジャケットを着込んでいた。

いろいろなことがあってコンビを組むことになり、２人ともボケをやりたいということだったから、それなら自分がボケのネタを順番に考えて、ネタごとにボケを変えようということを僕から提案していた。

　初めてのネタ合わせだった。

　最初のターンが国崎くんの考えたネタで、そのターンを終えたとき、僕は、これは絶対に国崎くんがボケの方がいいなと思った。

　座って国崎くんの楽しそうな話を聞きながら、蛍光灯の紐を見つめていた。もしこれが『遊戯王』のカードバトルだとしたら、1ターン目でトゥーンワールドに引き摺り込まれて、そのままトゥーンの中で「封印されしエクゾディア」5枚を揃ってバンと出されたような、そんな感じ（「封印されしエクゾディア」は5枚揃ったら勝利のカードで、トゥーンワールドは別に必要ないのだけど、なんかそんな感じだ）。さっきまで漫才マイクだった紐を見ながらそんなことを考えていた。

　その1本目の漫才は、足が速すぎて悩んでいるという入りから、子どもの頃小学校の運動会の100メートル走のとき、足が速すぎて上半身がついていかず、風になびき、やがて幽体離脱した自分が空の上で同時に走り出し、そのまま空と地面の自分がコーヒーをカップで飲みながら走り、独走状態でゴールテープを切ろうとするそのときに、すーっと消えていってゴールテープとひとつになるというネタだった。

そのとき自分のターンとして僕が作っていたのは、いろんな人や動物や物が喧嘩していって、最終的には時間と空間が喧嘩してビッグバンが起こるみたいな、なんか壮大っぽくやりたそうな漫才だった。

これは、エクゾディアも出たことだし僕のターンはなしでいいなあと思った。


これからとても楽しい漫才ができそうだなあとワクワクしていた。話していくと、面白いほどに好きなお笑いやツボ、笑うところは一緒のようだった。

時間を忘れて、好きなテレビや漫画や地元の話やら、あれやこれや夢中になってたくさん話し込んでしまった結果、国崎くんは深夜のバイトに行く時間になっていた。僕の終電はなくなっていた。

「俺バイトやから行くよ」

まだ笑顔の残る表情で国崎くんが言う。

「そっか。終電ないから、泊まってってもいいかな?」

その瞬間、国崎くんの顔から、スッと表情が消えた。

「だめだよ、帰ってくれ」

「え?」

感情のない冷たい目で告げる国崎。

「え、いいじゃん。外は寒いよ。凍えてしまうよ」

「いや、あかん帰ってくれ」

「始発が来たら帰るよ。いいじゃん」

「だめよ。もう時間やから。行くわ」

「頼むよ、もう帰れないよ」

「無理よ。なんとかして帰ってくれ。行くわ」

「お願いだよ、泊めておくれよ」

「や、無理よ。行くわ」

国崎の顔は能面のようになっていた。

そうして、押し問答の末、有無を言わさず僕は部屋を締め出された。居座ろうとする僕を押し出したときの力は、凄まじいものだった。真冬の外に放り出された。ニュースによると、その日はその年一番の真冬日で、気温は0度近かった。鍵を閉める国崎の背中を、渦巻く謎と恐怖の感情を抱きながら見ていた。あの楽しい時間はなんだったのだろうか。なぜ泊まってはだめなのだろうか。

カチャカチャと、鍵をかける音が響く。「じゃあ」。自転車に乗って、立ち漕ぎで闇に消えていく国崎。僕は呆然としばらく立ち尽くした後、凍える暗い街を歩き出した。追いすがる僕を無理矢理部屋から追い出したときの国崎の顔は、『うしおととら』の白面の者のような顔をしていて、心底怖かった。今自転車を漕いでいる彼は、どんな顔をしているのだろうか。

しばらく彷徨い歩いたが、その街には一つも漫画喫茶、カラオケがなかった。もちろんお金などろくに持っていなかった。無駄に安く泊まれる先を探して歩き回ってしまった結果、体温が奪われてしまった身体。とても外で夜を明かすことはできない。

もう限界だと判断した僕は、生まれて初めてタクシーを止め、とりあえず自分の家の方に向かった。住所を伝え、暖房の効いた車内の暖かさに安心して気が緩み、ふっと居眠りをしてしまい、目覚めてタクシーメーターを見て驚愕した。7800円。そんなにかかるものなのか。ほぼ半泣きでお金を払う。

家に着き、扉を閉めた途端、身体の震えが止まらなくなった。

ガチガチと歯が音を立て触れ合う。そんなことは初めての体験だった。熱いシャワーを浴びたが震えが止まらない。暖房を強風で全開にして、毛布と布団にくるまってもまだ、ぶるぶると身体の震えはやまなかった。

そして次の日、39度の高熱を出し、インフルエンザになり、そしてそのまま喘息を発動し、1週間近く寝込んだ。

「わかる！　あの人たち面白いよね！　じゃあランジャタイは？」

ランジャタイ!!

心が現代に引き戻される。

僕たちのコンビ名だ！　どうやら先ほどのNSC生の2人は、好きなお笑いの話をしているようだ。身体はまだ過去にいるのかガタガタと震えていた。

「ランジャタイは、少し気持ち悪いし、うるさいだけでよくわからない」

僕は、ランジャタイの1人だとばれないように、咄嗟にばっと両腕を顔にのせた。

身体の震えが止まる。顔を覆う腕の隙間から、ぼうっと白く浮き立つ夜の雲が見える。夜の雲は昼の雲よりもくもくしているなあ。そんなことを考えながら、時間が過ぎるのを待った。

静かになった公園で、砂を払い立ち上がり、さっきまで2人がいた場所を見つめる。鼻から深く息を吸った。公園の夜を全部吸い込むような気持ちで。ひんやりと、心地よい空気が脳と肺にすーっと入っていく。そして僕の全身を一巡させて、ゆっくりと口からふーっと吐き出し、夜へと返した。

君たちとはきっとまた会うことになるだろう。君たちの顔は絶対に忘れないよ。なんだか楽しみだ。

星灯りに、まだわずかにブランコが揺れていた。

ガラガラヘビは何度でもやってくる

僕には、落ち込んだときに決まって観る、元気をもらえたりどん底から引き上げてくれる映画、漫画、音楽、動画がいくつかある。

その中のひとつが、かつてとんねるずさんが『ガラガラヘビがやってくる』を音楽番組で歌い、踊り、転げ回り暴れまくった映像。

全身タイツで所狭しと跳ね回るその姿はテレビが生み出したスーパースターそのものであり、とてもとても画面には収まらず、今にもこちら側に飛び出してくるんじゃないかと思わせるような凄まじい映像だった。

時代を塗り替えるとはこういうことなんだ。いつも気持ちを奮い立たせてくれる、それはまさに天下人そのものだった。

日々を過ごす中、どうしようもなく落ち込むこともある。ライブの楽屋で一人またその動画を観ていたとき、誰かに画面を覗かれた。

「おう、何観てんだ伊藤」

モダンタイムスのかわさんこと川崎誠さんだった。

モダンタイムスさんは、一緒にレギュラーライブをやらせていただいたり、トークライブをやらせていただいたり、ツーマンライブを何度もやらせていただいたりと、いろんなことを教わって、学ばせてもらって、とにかく公私ともにめちゃくちゃお世話になっている、尊敬する大先輩だ。

辛いことがあると、このとんねるずの動画を観るという旨を伝えると、僕の様子を察し、

「何だ落ち込んでんのか。関係ねえ、大丈夫だよ！　思いっきりやりゃいいんだよ！」

と言ってくれた。

僕は続けて聞いた。

「……芸人が夢を見る時代は終わったんですかね……？」

かわさんの表情が変わる。

「芸人の夢は終わらねえ！」

かわさんは『ONE PIECE』の黒ひげのようなセリフを言い放った。

「俺がお前にどでかい夢を見せてやる！」

「いいか、俺らの出番をよく観てろ。とんねるずを超えてやるよ」


ライブが進み、一人また一人とネタが終わっていく。今日の会場は重いようだ。みんなそこそこのウケで首を傾げながら帰ってくる。

そんな中、モダンタイムスの出番が来た。

『蒲田姉妹』というネタをしたモダンタイムスは、それはもう初っ端からウケまくり、歌い、踊り、跳ねまくり転げ回り、それこそ全盛期のとんねるずを思わせるかのような大爆発を起こしていた。

何度か観たことがあるネタだったが、そのときの蒲田姉妹は度を超えていた。そのパワーに、僕にはまるで劇場が歓喜の悲鳴をあげているかのように見えた。

カメラが回ってなくたって、境界は越えられる。

もうこの人たちにはここは狭すぎる。テレビよ、早くモダンタイムスを呼んでくれ。そしてきっと、すぐにテレビもこの人たちには狭くなる。

そのぴかぴかに光り輝く2人の背中に涙が出そうになった。

もうとんねるずの動画を観なくても、大丈夫だ。

この光景はきっといつまでも僕の脳に焼き付いて離れないだろう。これからどれだけ辛いことがあっても、悩んでも落ち込んでも、どうにだってなる気がした。


かわさんが一際高いジャンプをした。

売れてなくたって、どこにいたって、どこまでも高く跳べる。太陽にだって手が届きそうだった。


ドン！

着地したかわさんが、体勢を崩す。何かを袖に蹴り込んできた。

それが僕の足元に転がってきた。


なんだろう？

拾い上げてみた。

それはちっちゃくて硬くて丸い物体だった。

うんこだ。

僕は小さく悲鳴をあげた。

「ひっ」

ものすごい勢いでかわさんが袖にはけてきた。

暗がりにすれ違ったかわさんのその顔は、形容しがたいほどにとても恐ろしくて、子どものとき、初めて得体の知れない悪夢を見て飛び起きたときのことをなぜか思い出した。僕は怖くて泣いた。

唐突にネタが終わったが、結果的には勢いのピークのまま終わったような形となり、客席はまだその余韻冷めやらず喧騒が収まらない。かわさんがうんこを漏らしたことには気づいていないようだった。

袖で呆然と成り行きを見守っていたランジャタイの2人に、相方のとしさんが言う。

「だめだ。あいつ、うんこ漏らした」

僕はそのうんこを持っていた。

「お前ら、まだ舞台にうんこあるから早く拾え」

およそまともな人間のすることではない指令を出してきた。

催眠術にかけられたように、僕らは暗転の間に急いで舞台をきれいにし、なんとかお客さんにばれずことなきを得た。

そしてとしさんから、さらに壊れた指令が飛ぶ。

「優勝賞金1万円だろ？　このままならたぶん俺らが優勝する。票が逃げるから、結果が出るまでは、絶対うんこ漏らしたこと言うなよ？」

舞台上、結果を待つ芸人たちの後ろに紛れて、僕は呆然と、あの白昼夢のような時間は何だったのか思い返していた。ブーメラン星雲のように冷えきった頭でよくよく振り返ってみると、暴れ回っていたかわさんの動きは、あのときかわさんが僕の後ろから覗いていたとんねるずの動画の、ほぼ完コピだった。

投票結果がＭＣに手渡される。

「優勝は……モダンタイムス！」

見事賞金を手にしたとしさんは、我が意を得たりとばかりに、壊れた笑みを浮かべる。

そして、実はかわさんがうんこを漏らしていたというトークを披露し、さらなる会場の笑いをかっさらっていった。

そして2021年、モダンタイムスは、所属事務所であるソニーをやめ、「俺は芸人をやめるぞ！」と石仮面をはめるジョジョのディオのようなセリフを言い放ち、YouTubeチャンネル『かわさんの部屋』にて、その生活の全てを24時間垂れ流すという生配信を行っている。もはや芸人を超越し、吸血鬼になったディオのように新たな姿で活動している。僕が観たときは、全世界に見られている中で、僕の相方の国崎くんに泣きながら電話し、「くにちゃん、寂しい。お願い来て。こわいこわいこわい、もうやだ、どうしたらいいの。何で来ないの！　早く来て！」と、メンヘラの王様のような凄まじい姿を見せていた。その後、僕のＬＩＮＥにも鬼のように着信が来たが、そっと無視をした。

見せられたのは、夢じゃなくクソだったし、芸人が夢を見る時代は終わらないと宣言したかわさんは、YouTuberになった。

きっとお二人は、これからもいろいろなものを撒き散らしながら、最高にかっこ悪くてかっこいいどうしようもない生き様、その背中を見せ続けてくれるのだろう。

モダンタイムスはコントで、「売れない自分たち」「売れなかった自分たち」を題材にすることがある。

２０１４年３月、初めて行かせていただいた単独ライブの最後に観たコント、『散る、桜』は、衝撃的だった。笑って泣いて、切なくて悔しくて面白くて哀しくて圧倒的で、そしてどうしようもない馬鹿で、感情が揺さぶられすぎてもう頭がどうにかなりそうだった。

もしかしたら、最期の最期まで売れなかったそのときに、モダンタイムスのお笑いは完成するのかもしれない。

しかしそれでも僕は、キングオブコントのチャンピオンになって売れまくっているモダンタイムスが見たい。

コントの王様になったモダンタイムスを見るそのときまで、どれだけかっこ悪くても、クソを撒き散らしながら、生きて生きて生きて生きようと思った。

カエルオーケストラ

カエルオーケストラが鳴り響く。

春はいつもカエルの鳴き声とともにやってきた。

僕が幼い頃住んでいた鳥取のど田舎のおうちは、その四方全部を田んぼに囲まれていた。春から夏にかけて、毎夜毎夜カエルたちが、ゲコゲコゲコゲコと、グワァッグワァッグワァッ！と鳴き袋を使って大合唱を奏でていた。

カエルサラウンドといった感じだった。とてもうるさいはずなのだが、不思議と心地よい音に感じ、その声を聴きながら、カエルたちは今何をしゃべっているんだろう、こんなみんな同時にしゃべってきちんと聞き取れるのかな、なんて想像しながら眠りにつくのが好きだった。

それでも眠れない夜は、こっそり抜き足差し足家を抜け出し、畦道を歩いて、良さげな草の上で寝転がり、星空を見上げながらカエルの大合唱を聴くのがとても好きだった。

夜空はでかすぎて、空に吸い込まれそうで、そのまま落ちていきそうで、夜空に吸い込まれないために、いつも両手は草にしがみついていた。

ある日、学校のみんなが浮き足立っていた。いつもより5割増しくらいでざわざわと教室は騒がしい。教室の後ろの方で、みんながきゃっきゃしている。

その日の夜は花火大会だ。授業中も心ここにあらずで、夜の花火大会の熱に今から浮かされ、まだ昼間なのに、まるでもう祭りの喧騒の中にいるようだった。クラスの人たちは、それぞれのグループで花火大会に行くようだ。

いつも下を向いて一人ぼっちの僕は、当然誰からも誘われず（誘われたら誘われたでどうしたらいいかわからないけども）、「じゃあまた夜ねっ！」とランドセルを背負う時間も勿体ないというように肩ベルトをつかむや否や颯爽と走り出す、元気いっぱいのみんなを見つめていた。楽しそうだなあ。

一人残った教室は、なんだかしーんととても静かで、無の音がした。机に伏せて耳を当ててみると、木造の学校からは遠くの振動が微かに感じ取れ、「まだ学校には人がいるぞ」とよくわからないことを思ったりした。

夜、カエルが合唱を始める。花火大会が始まる時間だ。

お母さんに、「花火大会に行かないの？」と誘われたけれど、誰かに会うと嫌なので断った。友達がいない子どもは、学校の外で、生徒じゃない状態でクラスメイトに会うのはたまらなく嫌である。

でも花火は見たいので、僕は部屋から見ることにした。プレイ途中の『クロノ・トリガー』をセーブしてやめる。ちょうどカエルを仲間にしたところだった。自分の部屋から窓を開けると、小さく花火が見える。山の向こうから、花火が打ち上がる。


ひゅ〜〜〜。ぱん！　ぱん！　ぱぱぱぱぱん！　ぼわぉ。


不思議な音をさせて空に打ち上がり、小気味いい火薬の音が弾け、名残惜しいと思う間もないまま、すーっと消えていく。

それをぼーっと窓から身を乗り出して見つめていた。一瞬の煌めきだから美しいんだろうなあ。宇宙時間からしたら、虫もカエルも人間も花火と同じようなものかなあ。地球も、空に輝く星々も、もっと言えば宇宙だって、さらに宇宙を包むような存在があったとしたら一瞬の煌めきなんだろうなあ。

一人でいて何も考えなかったらもうどうしようもないので、ずーっと自分と会話しながらいろいろなことを夢想していた。

カエルと一緒に見る花火は、ごった返しの祭りの喧騒の中で見る花火より素敵な気がした（と自分に言い聞かせる）。カエルは花火を見てどう思うんだろう。

そうこうしていたら、花火大会が終わった。あぁきれいだった。日常に戻ろう。窓を閉めて部屋を見回すと、あることに気づいた。


部屋が、蚊だらけだ。


窓を開けっ放しにしていたため、花火大会のどさくさに紛れて、蚊がフリーパスで入り放題になってしまい、白い壁には一面蚊が張り付いていた。

やってしまった。高い見物料だった。このままでは、これから朝まで、ドリンクバーの如く血の飲み放題、飲まれ放題だ。田舎の、しかも田んぼに囲まれている家に出る蚊の量は、尋常ではない。寝る前に決着をつけなければならない。

以前、間違えて窓を開けっ放しで寝てしまっていたときのことを思い出す。

そのときは、朝起きたらあまりにも刺されすぎて、全身に蕁麻疹が出たようになっていた。一日中痒みがとれず、体をかいたり叩いたりするだけで一日が終わってしまった。沸々と、蚊への怒りが湧いてくる。それだけは、避けなければ。

さて、どうしたものか。そのとき僕が立てた計画は、部屋にいる全ての蚊をペットボトルの中に捕まえる↓蚊はいなくなる↓外に逃がすというものだった。なかなかめんどくさい。早速実行に移す。

空のペットボトルを持ち出し、止まっている一匹一匹にボトルの飲み口を被せて塞ぎ、ペットボトルをスライドして中に飛び立たせたところで蓋を閉める。この単純作業を繰返し、3時間ほどをかけて、ほぼ全ての蚊を捕らえ終えた。

ペットボトルの中には大量の蚊がいる。その様に満足し、外に出た。カエルが大勢鳴いている。ペットボトルの蓋を開けボトルの底の方を持ち、ぶんぶんとペットボトルを振る。計画では、これで中の蚊が一斉に飛び立つはずだったのだが、なぜか蚊は一匹も外に出なかった。

ぶん！　ぶん！　ぶん！　ぶん！

諦めず、くるくるとペットボトルを振りまくる。はたから見たら、少年が、空に向かってＵＦＯを呼んでいるように見えただろう。

無意味な一振りごとに、何だか怒りが湧いてきた。一体、何をやってるんだ。

今思えば、ペットボトルの蓋を開けてそのまま一晩放置していればそのうち全部出るし、置いておけばいいのだが、子どもの僕はそんなことには思い至らず。業を煮やし、次なる作戦に出る。

家の奥から殺虫剤を出してきた僕は、始まりの部屋に戻り、なんと、その殺虫剤を一斉にペットボトル内に噴射したのだ（なんと恐ろしい。子どもの発想は怖い。そして子どもは虫の命を異常に軽んじている）。そして蓋を閉める。

しばらくペットボトルを眺めていたが、思っていたような効果はない。蚊たちは、何事もなく平然としているようだ。「なんで！」。全く効いていない。どうすればいいんだ。この蚊たちは、対人間用に進化した強靱な身体を持った蚊なのだろうか。

袋小路に追い込まれた僕が思いついたのは、最終作戦、ペットボトル爆破作戦だった。ペットボトルの中に火をつける→殺虫剤に引火してボトル内で小爆発を起こす→蚊たちを一網打尽、という単純明快恐怖の計画である。

なぜそんな怖いことを思いついたのか、最早蚊たちは宿命の敵と化していた。早速仏壇からライターを拝借してきた（罰当たりな）僕は、蚊との長い戦いに決着をつけるべく、ライターのスイッチを押した。

さようなら……。

ボン！！！


爆発音とともに、小爆発が起こった。

中にではなく、外に。

ペットボトルの飲み口から火が噴きあがる。思っていたのと全然違った。

「うわぁ！！！」。熱い！　ライターの引き金を引いた親指を火柱が思いっきり焼いた。

まるで、花火のようだった。

僕の親指が焦げた。と同時に、あれだけ振っても出てこなかった蚊が一斉に飛び立った。

部屋中に、大きく勝利の勝鬨《かちどき》を上げながら飛び立つ大量の蚊たち。それぞれが、白い壁の定位置に散らばって張り付いた。


僕は負けた。部屋は蚊に占領されてしまった。全ては、時が戻ったかのように元通りになった。始まりと違うのは、親指が焦げていることくらいだった。

カエルの大合唱に混ざって、僕は泣いた。もう、なす術はない。勝負は決した。

呆然と立ち尽くし、やがて何もかもどうでもよくなった僕は、寝床に入り、まるで報復のように、朝まで蚊に刺され血を吸われ続けた。

そうして僕は、因果応報という事象を学び、良くないことをすればそれは自分に返ってくることを知った。

それが虫でも、相手の嫌がることはやめようと思った。高い授業料だったが、確かに成長したような気がした。命はみんな平等だ。それ以来、僕はゴキブリも殺すのではなく、なるべく箸でつかんで外に出すようになった。

それでも、もしかしたら死んだ後、閻魔大王の審判で、あの蚊たちの告発により地獄に落ちるかもしれない。

目を閉じればあのときのペットボトル花火の残像が目に浮かぶ。それも受け入れるしかないのだ。親指をぎゅっと握りしめた。

皆さんも、虫、人、動物、地球の嫌がることはあんまりやめようね。

ありがとうめぞん一刻

中学校の卒業式、僕は号泣していた。中学の3年間を過ごした学び舎で、それぞれが友達との別れを惜しみ、またこれから無限の未来へと羽ばたいていく。美しい時間と感情の未来へのるつぼ。仰げば尊しを歌いながら声を殺して咽び泣く皆のその姿は、その涙一粒一粒が青春の雫そのものであり、青い涙で一杯になった体育館はまるで青春の海のようだった。

しかし、友達もほぼいなかった僕にはそんなことは全くどうでもよく、涙に込められた想いはただ一つだった。

「音無響子さんは現実にはいないんだ」

3年生の秋、偉大なる『めぞん一刻』を読み終えてしまった僕は放心状態になっていた。1巻の途中くらいから完全に響子さんに恋してしまっていた僕は、授業なんてまるで身が入らず、五代くんに自分を重ね、自分がもし一刻館に入居したら、なんてめくるめく妄想を日々繰り広げていた。

やがてどうあがいても響子さんがいないという事実に絶望し、響子ロスに陥り、そのピークが卒業式に来てしまい、響子さんがいないという現実に一人顔を伏せ号泣していたのだ。人とは違う青春の海の中で溺れ、魚のようにぱくぱくと水面で口を開けていた。きっと餌に紛れて唾を吐きかけられても気づかず間抜けに吸い込んだことだろう。重い身体に妄想の浮き輪をつけて、ぎりぎりぷかぷかと漂流していた。

そしてそのまま僕は大人になった。

21歳の晩秋、僕はすごく童貞だった。

相も変わらず、一刻館に住みたいなあなんて、現実と妄想の狭間で漂流していた。身体は大人だけど心は子どものままであった。それまでほとんど女性とまともに会話したこともなく、ほぼ女性に触れたこともなかった。このままではまずい。なんでこんなことになったのだろう。

原因を自分なりに探ってみると、まず子どもの頃はあまりお風呂に入っていなかった。お風呂に入り頭を洗いすぎるとハゲるという父の熱心な教えを真に受けていた。父は洗いすぎてハゲたらしかった。しかし、親戚の集まりに行くと、父の父から兄弟に至るまで全員ハゲており、おそらくただの遺伝だった。僕はいつかハゲの血が発現し、自分も急にハゲるのではと怯えている。その血のスイッチを押すことになるのではないかと、一度も髪を染めたことがない。なのでおそらく日常的に臭かったし、太ってもいた（今はとてもきれいにしているよ！）。それだけでもう女の子に好かれるはずがない。なんだかやな感じ。

決定的に女性が苦手になったきっかけは、体育倉庫十字架磔刑金玉殴られ事件だった。簡単に言うと、小学生の頃、ほんの出来心で移動教室のときに好きな女の子の席に座ってしまい、授業が終わった後「伊藤が座ったらしい」という話をその子が聞いて泣きだした。その原罪により、女の子たちの手によって体育倉庫でバスケゴールと平均台を組み合わせた十字架で磔刑に処された僕は「お前に金玉はいらない！」と次々と金玉にれんぞくパンチをくらった。その威力は、女子一人一人がまるでガルーラかエビワラーかといった勢いで、僕は目の前がまっくらになった。そのときほんの少しだけ、イエス・キリストと一緒になれたような気がした。

その帰り道、田舎道をとぼとぼと歩いていると車に少しはねられて豚小屋のほうへ突っ込んだ。驚いた豚たちが「ブー！　ブー！」と大騒ぎして走り回っていた。豚さんごめんね。軽くだったので身体は無事だった。

僕は学校を卒業するまで、体育倉庫のことを、「ゴルゴタの部屋」と呼んだ（幼少期はキリスト教系の幼稚園に通っていたため多少知識はあった）。

そんなことを思い返しながら、6畳1間の狭い部屋で、もう何度目かわからない、『めぞん一刻』の一気読みを終えた僕は決意した。

彼女を作ろう！　五代くんと響子さんみたいになりたい！

そして五代くんと響子さんのような関係を築こう（やばい）。響子さんのような人を探そう（やばい）。

そのためにはまず、女性と話せるようにならなければならない。このまま待っていてもきっと何も起こらない。60年後、一人で6畳1間の万年床に横たわり、『めぞん一刻』を読み耽る自分を想像すると、震えが止まらない。恐ろしい。いけない、幸せになりたい。

一念発起した僕は、出会い系サイトに登録することにした。それで彼女ができるかはわからないが、そこで知り合った女性と話す練習をして、徐々に苦手意識を克服しようという作戦である。何事も慣れが肝心だ。

しばらくは勝手がわからなくて困ったりもしたが（顔が写った全裸の写メを送れと要求され、そういうものかと危うく送りそうになったりした。いや、送った）、やがてそれとは別の一人の女性とメールが続くようになり、お互いの写真も交換し、電話で話しましょうということになった。

写真の女性はとてもきれいだった。恐る恐る電話番号を押し、つながった電話口から聞こえてくる声はとても可憐で、「なんだか好きだな、これは運命の相手かもしれない」と思ったりした。

作戦は、この人と付き合って結婚しよう作戦に変わった。そのまま1時間ほどお話をして、それだけでも当時の自分からしたらとんでもない奇跡なのに、良かったらお会いしましょうということになった。

約束の日まで1週間、もう気が気ではない毎日を過ごし、漫才のネタ合わせにも全く身が入らない日々だった。何をどうしたらうまくいくのだろう。僕は、『女性を楽しませる100の会話』的な本を買い込み、熱心に研究を重ね、何度もシミュレーションをし、さらにはその1週間毎日筋トレをして走って身体を整え、できる限りの準備をしてその日に備えた。

当日の夜。早めに待ち合わせ場所について、意味もなくそわそわうろうろしていた。街はこれから迎えるクリスマスシーズンの準備に入ったような感じで、なんだか浮き足だっていた。

「はじめまして」

そう声をかけてくれた、目の前に現れたその人は、信じられないくらいきれいな人だった。

この人が、僕の響子さんなのかもしれない。「この日のために生きてきたんだ！」とまで思い至り、なんだか今までのことが全て報われるような気がした。

ただひとつ気になったことは、その日は一日中快晴だったのに、女性が透明なピンクのビニール傘を持っていたことだった。

「はじめまして」

信じられないくらいきれいなその人の声はとても可憐で、一瞬時が止まったような気がした。ファウストのように、「時よ止まれ。お前は美しい」と本当に思った。

少し間を置いて、かなりどぎまぎしながら、「はじめまして、とてもきれいな人ですね」と思ったままのことを言ってしまった僕に対しても、その人は優しく微笑んでくれた。

「歩きましょうか」

響子さん（仮名）が言った。

「はい、そうですね」

僕はそう返し、並んで歩くことになった。改めてその女性を眺めていても、いまいち現実感がなかった。長い黒髪を揺らしながら静かに微笑むその姿は、まるで本当に音無響子さんが漫画から出て現実に現れたのでは、と思わされた。

読み込んできたハウツー本の数々の内容は全て吹き飛び、「空が暗いですね」とか「人間って、少人数だといいですけど、たくさん集まると気持ち悪いですよね。虫とかもたくさん集まると気持ち悪いじゃないですか。あれと一緒な感じがするんです」とか、もう女性との会話としては0点（男性とでもだろうか）のおよそ対話が成立しないようなことばかり言っていたが、そんな僕にも優しく相づちを打ってくれていた。

その一歩一歩ごとに、失われたはずの青春が身体に染み込んでいくような感じがした。目に映る街の景色がはずんでいた。普段は何とも思わない通行人一人一人に、「生まれてきてくれてありがとう」と感謝を伝えたいような気持ちだった。

一日中晴れていたのにもかかわらず持っていた傘も、なんだか愛おしかった。まるで『ラ・ラ・ランド』のように街のみんなと踊り出したい気分だった（この頃には『ラ・ラ・ランド』はまだ存在しないけど）。

響子さんが言う。

「私、カラオケに行きたいです。2人きりでゆっくりお話したい」

「え……。い、行きましょう」

女性と並んで歩くことも初めてなら、もちろん2人きりになることも初めてなわけで。

（響子さんと2人きり？？）

　自分に何が起きているのか、最早脳の処理は追いつかず、興奮性シナプスが「女性と2人きり」という一点のみで過処理に陥り、血管の曲がり角で次々と追突事故を起こし、鼻からプスプスと血液の臭いを感じていた。心臓は早鐘を鳴らし、それが全身に反響し、とてもうるさかった。

　とにかく、響子さんがカラオケに行きたいと言っているから行こう！と僕は思った。途中、コンビニで、響子さんが好きだと言う「きのこの山」と「たけのこの里」を買い、僕たちはカラオケに向かった。

　カラオケ屋で受付を済ます。まだ心臓はうるさくてしょうがない。ゆっくりと階段を上る。後ろから響子さんがついてきてくれている。一歩一歩が、なんだか地面の感覚がなく、気を抜くとどこを歩いているのか訳がわからなくなる。こけそうだ。やばい。

〝カラオケは歌う場所。ただお話しして歌うだけだよ！〟

　右足が僕に語りかけてくる。

〝そうだよ！　何も緊張することなんてない！　落ち着いて！〟

　左足もお話ししてくれる。

「ありがとう」

足たちのおかげで、なんとか前に進めていた。そうして部屋の前にたどり着く。緊張のあまり、どうやってドアノブを回すのか一瞬わからなかった。

〝大丈夫！　俺たちに任せろ！〟

右手と左手も話しかけてくれる。21年間僕を支えてくれてありがとう。みんなに任せれば大丈夫だ！　右手ちゃんと左手ちゃんを両方使い、ドアノブをゆっくり回した。

カチャリ。部屋は狭くて、なんだか飲み込まれそうだった。後ろ手でドアを支え、響子さんが入るのを待った。なんだか響子さんの方は見られなかった。

バタン。ゆっくりとドアが閉まる。そのときだった。

スパァン！！！

後頭部に鈍い衝撃が走った。

え？？？　なんだ？　何が起きた？　遅れて痛みがやってくる。一瞬頭に雷が落ちたのかと思った。

スパァン！！！

そして痛みの意味を理解する間もなく、2度目の衝撃がやってきた。なんだこれは、一体何が起きている。今僕は、カラオケ屋のお部屋に入っただけだ。後頭部に衝撃を受ける因果はない。

ゆっくりと振り返る。響子さんが、傘を中段に構えて立っていた。

どういうことだ。状況を理解するのに時間がかかった。しかし考える間もなく、次の太刀が振り下ろされる。

「イャァァア！」

響子さんが叫んだ。正面を向いているので、今度はなんとかかわせた。しかし振り下ろしたそのままの勢いでまた刀が襲ってくる。

タァン！

今度はかわしきれず、まともに食らってしまった。頭がふらついてきた。理由は全くわからないが、響子さんは、僕を倒そうとしている。それだけは確かだった。

一体何が起きているんだ。いつからそうしようと思っていたのか。容姿が気に食わなかったのか。あまり会話が弾まなかったのがよくなかったのか。それとも最初から。

そうしている間にも次々と一閃が振り下ろされる。部屋を出ようとドアに近づくと、より一層叩かれた。逃げられない。小さいその身体が、とてもとても大きく見えた。

もうその子は響子さんには見えず、朦朧とする中でなぜか、その頃読んだばかりだった『バガボンド』の吉岡清十郎が脳裏に浮かんでいた。そこからは、吉岡清十郎にしか見えなくなった。

そしてまた、ひとつの太刀が振り下ろされる。ぎりぎりのところでかわす。傘が耳をかすめる。刹那の後、またひとつの太刀が来る。それが何度も繰り返される。1秒1秒が、極限まで引き延ばされたような濃密な時間。水飴のようにドロドロして、完全にその中にとらわれていた。

死闘が繰り広げられていた。僕はただ女の子とお話したかっただけなのに。

女性を傷つけるという発想は僕の中になく、とにかく防御に精一杯だった。傘を奪い取りたかったが、傘を白刃取りのようにつかんでも、すぐに振り解かれてまた叩かれる。そしてつかまれたことに怒ったのか、さらに威力は増す。

柳生石舟斎の無刀取りのようにはいかなかった。もう何度振り下ろされただろうか。ひとつの太刀で斬り伏せるのも飽きたのか、途中からは連続でめった打ちにしてきた。

「イャァァア！！！」

とすごい勢いだった。ガードしながら、痛い！　やだ！　何でこんなことするの！　だめだよ！とどこにいるのかもよくわからなくなってきた頃、不意に太刀が止まった。

もう満足したのかな？

そう思ったのも束の間。なんと清十郎は、傘を捨て、その手にマイクをつかみ、そのマイクで思い切り殴りつけてきた。

ゴスッ！

室内にマイクの音が響き渡る。あろうことか、マイクはオンにされている。すごい勢いでがっしりと身体をつかまれ、タコ殴りにされる。まるで高山対ドン・フライ。僕は殴り返していないので、「高山対」を取ってドン・フライだ。清十郎はドン・フライでもあったのか。

ゴス！　ゴス！　ゴス！　ゴス！

カラオケのスピーカーからは、僕の骨の音が響き渡っていた。音を聞きたいからオンにしたのかな？なんてのんきなことを考えていた。マイクが鼻に当たり、鼻血が出た。鉄の味がする。

部屋に入る前は、「俺たちに任せろ！」と言っていた右手と左手は、「もう終わりだよ……」と悲しいことを囁いていた。

まさか、このまま死んだりするのかな？　ひどいよ清十郎。

もうどうにでもなれ。

と全てを諦め意識が遠のいてきたそのとき、不意に攻撃が止み、唇に何か柔らかいものが当たった。なんだろう？　目の前には、その子の顔があった。ファーストキスは、血の味がした。


「来て」

その子が囁く。そこからはもう、流されるままだった。野となれ山となれ精神だった。もう何がなんだかさっぱりわからなかった。

もしかしたら、清十郎じゃなくてやっぱり響子さんなのかもしれない。よくわからないことを考えていた。

そして信じられないとは思うが、その最中、僕のたけのこの里（尻穴）に「きのこの山」が詰められた。僕の里（尻穴）はきのこでいっぱいになった。清十郎（響子さん）は、詰めながらケタケタと子どものように笑っていた。

事が終わりぼーっと呆けていると、カラオケに曲が入った。響子さん（清十郎）が入れたようだ。

流れてきた曲は、ユニコーンの『大迷惑』で、その子は楽しそうにはしゃぎながら歌い踊っていた。その頃にはもう何もかも面白く感じてきて、僕は笑った。

「帰ろっか」

カラオケを出て、駅に向かう道すがら、その子が言った。

「あたし、プレ欲しい」

プレ？？　なんだろう。

「プレゼントのことだよ♪　欲しい財布があるの♪」

わかった、今度プレゼントするね。そう約束をし、ご機嫌のその子を送り届け、家路についた。


帰り道の夜気ですっかりと冷えきった身体で寝床に入り、この一日起きたことを、妙に冷めた頭で振り返ってみる。身体中が痛いし、それとは別の感じでお尻が痛い。

一体なんでこうなってしまったのだろうか。僕は五代くんと響子さんみたいになりたかっただけなのに。

理想とは大変かけ離れた経験、出来事にはなったが、中高生の頃ナインティナインさんのオールナイトニッポンを狂ったように聴いていて、心底岡村さんが大好きだった僕は、そういえば岡村さんと一緒になれたんだな、とふと思った（岡村さんは21歳で初体験をされた話をラジオで定期的にされていたので）。

その日はナインティナインのオールナイトニッポンの録音テープをイヤホンで聴きながら死んだように眠った。

翌朝目が覚めると、全身に鈍い痛みを感じ、あんなに冷えていた身体がなんだかじんじんと熱い。身体の中に熱い鉄が埋まっているような感覚だ。お風呂場に行き、服を脱ぎ鏡を見ると、身体中青あざだらけになっていた。

そして、なんだか僕のきのこに違和感があった。そっと覗いてみる。僕のきのこはぱんぱんに腫れ上がり、まるで、ポン・デ・リングのライオンのようになっていた。

携帯が鳴る。メールが届いた。あの子からだ。

「プレまだ〜？」

僕はそっと携帯を閉じた。

M－1グランプリ2021〝アナザーストーリー〟

2021年。M－1グランプリ準決勝を終えて、M－1グランプリ決勝を控えていた晩秋と初冬のはざま。

その日は『M－1グランプリ2021 アナザーストーリー』の密着取材がある日だった。

高円寺のカラオケで密着取材を受ける予定だったので、早めに集まってネタ合わせでもしようということになった（結局いつもネタ合わせはせずにあれやこれや話して終わってしまうけど）。

駅で待ち合わせると、先に待っていた国崎くんが何だか神妙な顔をしている。「どうしたの？」と聞くと、「いや、まだ時間あるし、ちょっと行きたいとこあるから付き合ってもらっていい？　タクシー乗ろうか」と、あらかじめ止めてあったタクシーに誘導する。

「え、何？　怖い」。僕は不信感全開で怪しみながら、恐る恐るタクシーに乗った。「運転手さん、じゃあお願いします」。車が動き出した。どうやら行き先はあらかじめ伝えてあるようだ。

これは何かがおかしい。普段と明らかに違う。行き先も告げずに僕をどこかに連れていくなんてことは今までなかった。絶対に絶対におかしい。国崎くんは、真面目な顔をしていた。

ふと彼が言う。

「メイクしないで大丈夫？」

メイク！

ごくりと唾をのむ。喉が渇く。唾がすぐに下りていかない。僕はカバンから震える手でファンデーションを取り出した。

「頼む、何なのか教えてくれ。これはドッキリなのか？　怖いから教えてくれ。知らないフリでなんとかするから！」

ドッキリなら、もちろん教えてはダメなのが鉄則なのだが、余裕のなくなった愚かな僕は彼に縋《すが》った。

「いやぁ～、どうしよう……。そうやな、しゃあない、言っとくか」

国崎くんは何か考えを巡らせているようだ。

「実はロンハーよ。ここだけの話。絶対に言うたらあかんのやけど。準備だけしといてくれ」

ロンハー！

これはとんでもないことになった。今まで観てきたロンハーの数々のドッキリが脳裏を駆け巡る。一体何が起きるんだ。怖い、怖い。頭がおかしくなりそうだ。

「カバンの中、やばいもん入ってない？　大丈夫？」

持ち物チェックでもされるのだろうか。カバンを開けてみる。

中には、文庫本と、ミニ四駆と、ジャケットと、タングルティーザー（針がぷよぷよの剣山みたいなクシ）が入っていた。まあ、大丈夫だろう。

着いていきなり何かが始まるパターンのやつなのかな？　いくら考えてもしょうがなかった。

やがて車が目的地と思しき場所にたどり着く。

そこは、なんの変哲もない道だった。タクシー代を払い、車を降りる。

「こっち」。国崎くんが僕を導く。

「どこなのここ、教えてよ」。無言で足を進める恐ろしい男、国崎。

喉がからからだ。喉が鳥取砂丘のようにからからだった。「ちょっと待って、自販機で飲み物買うわ」。「そう、早くしてね」。冷たい声で告げる冷血漢、国崎。

16連射のときの高橋名人みたいに震える手で、小銭を自販機に入れる。うまく入らず100円玉が落ちる。「あぁ」。100円玉を拾う。たかが100円、されど100円。100円で一日をつなげるときだってある。身体から高橋名人を抜き、覚束ない手でなんとか100円玉を入れ直し、お茶を買った。

いつもの癖で、お茶を口をつけずに飲もうとし、照準を外してお茶が右唇の切れ端に当たって服にこぼれた。「あぁ」。

その一部始終を、国崎は目の中にツンドラ気候を住まわせているみたいに感情のない眼差しで見ていた。なんて恐ろしい男なんだ。

今の僕のことが、ひっくり返ってもぞもぞと足掻いているダンゴムシくらいに見えているに違いない。起き上がれないダンゴムシを置いて、国崎が再び歩き出す。


国崎の足が止まった。

「着いたよ」

目の前には、お墓が広がっていた。

僕は、その瞬間にすっと全てを理解した。

「そういうことかあ」

そこは、深見千三郎師匠の、お墓だった。

そうして、また僕は国崎くんの背中を見ながらちょこちょこと歩き出した。

なんだかなあ、すごいなあ、粋なことするなあ。

なんて思いながら、ぼーっと、その背中が、だんだん、あの頃の、まだ田舎の日焼けの匂いのする少し小さい背中に重なっていった。


「こっちよー」

国崎くんに連れられて、西大井の街を歩く。西大井は、都会すぎなくて、なんだか落ち着く。

2006年。僕は、一回大学をはさんだから大学の最寄り駅に家を借りていて、たまプラーザから50分くらいかけてNSCまで通っていたけど、国崎くんはお笑い一本釣りで上京してきたから、NSCの近くに家を借りたらしかった。

国崎くんとは、合同コントの授業で一緒になって仲良くなり、「良かったらうち来る？」という話になって、学校帰りに遊びに行くことになった。

まだ知り合ったばかりだけど、人見知りの僕がなんだかすんなり話せて、空気感が一緒というか、落ち着く感じがした。

「おじゃましまーす」

入った部屋は、漫画がたくさんあって、ゲーム機があって、とても過ごしやすそうだった。

炊事場の横には、なぜか大きな金だらいが置いてあった。

「このたらいは何？」

と聞くと、

「風呂だよ」

と教えてくれた。これにお湯を溜めて入っているらしい。

「たらいに浸かりながら、少しだけ玄関の扉を開けると、外の景色が見れて露天風呂の気持ちを味わえて、いいよ！」

と教えてくれた。実家にいたときはこのたらいに魚を住まわせていたということも教えてくれた。僕は、お風呂のついた部屋を選んで住んで、本当に良かったと思った。

お互いの好きなお笑いを話していくと妙に感覚が合って、好きなコンビがたくさん一致して、あまり面白さがよくわからないよねというコンビまで同じだった。

そんな中、国崎くんが言った。

「ツービート、面白いよ」

僕は、ビートたけしさんのことは、「すごいしゃべる面白くて偉い人」くらいにしか認識していなくて、ツービートの漫才は観たことがなかった。そのことを話すと、並べられた本の中から、『浅草キッド』というたけしさんの小説を取り出して、

「これ、読んでみて」

と貸してくれた。

僕は、嬉しくなって、その本をカバンに大事にしまった。


「こっちよー」

国崎くんがたくさんのお墓の間を勝手知ったるように歩く。

あれ？　なんか違う背中だ？　とふと思う。

「師匠、来ましたよ」

国崎くんが深見師匠に声をかけた。

彼が、何年か前から、年に一度、深見師匠のお墓に参っていることは知っていた。そして、師匠のお墓の前で、その年にできた1番の漫才を、僕のところは抜きにして観てもら

っているらしかった。
「ちょっと待っててくださいね」
そう言って、お墓の前から離れる。すぐ近くにあった掃除用具置き場のようなところから、ほうきを取り出して、まるで毎朝そうしているみたいに、お墓のまわりの落ち葉を、さっ、さっ、と掃き出す。

〝国崎くん、物語やってるな〟と衝撃を受けた。

僕も物語しようと思ったけど、ほうきが1本しかなかったので、なぜか落ち葉を拾った。しゃがんで落ち葉を拾いながら、リズム良くほうきで掃く背中を見つめるこの僕は、なんて情けない姿だろうか。

こいつはきっと全てを手に入れるのだろう。
かつてジム・キャリーが言った。「欲しいものは何でも実現させてきた。ただ両手を広げて迎えるのさ。いつでも来いと」。きっとジム・キャリーと同じように、望むまま全部を手にしていくのであろう。

いけない、これは完全に主人公をやられている。

危ない。

僕の場合は、今までの人生の経験上、何かを願って欲しいものを両手を広げて迎えると、願ったことの真逆のひどいことが、オチをくくりつけて降ってくる。

好きな子とデートに行って、打ち上げ花火を見た後、ひらひらとうんこ付きの落下傘が狙いすまして落ちてきてキャッチしてしまうような感じだ。

激烈粉砕首破壊必至の鳥取くらいの大きさの超巨大たらいが落ちてくるような感じだ。

脳天に天からの大量のヘドロを叩きつけられてヘドラになって人間みんなに嫌われて、戦いたくもないゴジラと戦うことになってしまったような感じだ。


危ない。

ひどいことから逃げないと。

物語を取り戻さなくては。


しかし、今日この日この瞬間ばかりはなかなか分が悪そうだ。

掃除が終わり、国崎くんがカバンからワンカップを3本取り出した。墓の前に置く。

「師匠、飲みましょ！」

やってるぞ！

「お前も、飲んでやってくれ」

やってるね！

国崎くんが左のワンカップを手にし、ぐびっと一飲み。

ああ、やってるやってる！

「何やる？」

「『風猫』やるかー」

と、いつもの舞台みたいに、お墓の前で思いっきり漫才をした。

漫才が終わって大きく一陣の風が吹いた。

師匠は何を思っただろうね。今の風、師匠じゃない？「下手なもん見せんじゃねえ、バカヤロー！」「そこはこうするんだよ！」とか怒ってるかな？ なんて、勝手に稽古をつけてもらった気分に僕がなっていると、

「師匠、また」

と、国崎が主役の一言を世に放つ。

こいつは、やり続ける気だ。

「何をしてるの？」

と少し離れたところから話しかけられた。住職だ。

その手に鎌を持っている。草むしりの途中かな。

「深見さんの知り合いの人？」

と聞かれた（ここは本名だったけど深見さんということで）。

ことの顚末を説明する。

芸人をやっていて、ツービートが好きで、たけしさんが好きで、『浅草キッド』が好きで、深見師匠が好きで、漫才を観てもらいに来たんです。

住職は、まだ疑惑、不安、警戒を身体から全開に滲ませている。

最後に、「今度Ｍ－１の決勝に出るんです」と伝えると、怪訝だった表情が一転、ぱぁと明るくなった。

「Ｍ－１に！　すごいですね！」

「良かったらこちら来てください！」

なんとお堂に案内していただいた。

「おいでおいで！　Ｍ－１に出る人たちが来てるよー！」

と、家の奥からお子さんも呼んできてもらって、サインさせてもらって握手をして一緒に写真まで撮っていただいて、いろいろな貴重すぎるお話も聞かせていただいた。Ｍ－１とはすごいものである。

「Ｍ－１、観ます。応援していますね」

そうして僕たちは、住職とお子さんにお礼を言い、深見師匠のお墓を後にし、Ｍ－１アナザーストーリーの密着に向かった。

その密着で、国崎くんはずーっとボケ続け、ひとつもまともなことを言わなかった。

そのまま2時間が過ぎた頃、スタッフさんがゆっくりとカメラを下ろした。下りたカメラの奥から現れたスタッフさんの顔は、喜びでも怒りでもなく楽しくもなく哀しくもない、そして間違いなく面白くてではない歪んだ笑みを貼り付けていた。

真っ白なライブアライブ

大雪が降った。びゅぅぅぅぅと、夜の間ずっと吹雪いていた。夜の窓に、ぱんぱんと絶え間なく雪が当たり続ける。

「すごい雪だね！」

お母さんと顔を見合わせた。

「これは、積もるよ」

お母さんがそんな当たり前のことを言う。

そんなことはわかってるよ。これはきっと明日は学校が休みだ！なんて、わくわくしながら寝床につく。

ライブアライブが一日中できるぞ。

『ライブアライブ』（ライブ・ア・ライブ）は1994年にスクウェアから発売されたロールプレイングゲームで、当時かなり夢中だった。中古で買って、ゲームを起動し、何の気なしに「つづきから」を選んで入っていたセーブデータから始めたら、まさかのラスボス直前のセーブデータで、訳もわからずゲームクリアをしてしまった。すでにエンディングを見てしまったが、なんとかそれをセーブデータとともに記憶から消しさり、初めからコツコツとゲームを進めていた。

布団がひんやりと気持ちいい。その感触を味わいたいから、寒いのに、下はズボンをはかずにパンツだけはいて寝た。冷たい布団のなかでしゃかしゃかと足を動かす。気持ちいい。

雪風のびゅぅぅぅぅと窓に雪が当たるぱんぱんという音を聞きながら、やがて意識が暗闇の世界の中に入っていった。

朝起きて、窓を開ける。

目に入る全てが真っ白だ。

夜ほどではないが、まだ雪が降っていた。分厚い雪雲に覆われて、空の絶対王者の太陽がひとときの負けをくらって、まるで夜みたい。朝なのに薄暗い中で、それでも、空も何もかも、吹雪で消え入りそうなほど白い。白い世界に白が舞っていた。

これは、絶対学校が休みだ。嬉しくてたまらなくなった。

ライブアライブだ！　ライブアライブが挿さったままのスーパーファミコンに手を伸ばし、電源スイッチを入れようとしたそのとき、家の電話が鳴った。

じりりりりーん、じりりりりーん、じりりりりーん、じりりりりーん！

けたたましい音が響く。お母さんがその電話をとった。

「はい、もしもし」

「はい、はい、はい……わかりました」

これはおそらく学校が休みという連絡電話だ。良かった、心置きなくライブアライブができる。

再びスーパーファミコンに手を伸ばし、電源スイッチをオンにしようとしたそのとき。

「学校あるって」

「え」

学校が、ある……？　一体、何を言っているのだろうか。

信じ難い言葉が脳内を反響する。

「学校がある」

もう一度窓を開けてみる。辺り一面雪景色。吹雪く雪で真っ白い。雪は、お空を独占できてなんだか楽しそう。「わーーーいっ！」とずっとはしゃいでる感じだ。こんな中で学校に行けと言うのか。

やばい学校に入学してしまった。僕は心底その学校に入学したことを後悔した。

今日くらいは雪だけの世界にしてあげようよ。人間はお邪魔だよ。

テレビをつけると、積雪量は実に60センチにも上るそうで、十分注意してくださいとアナウンサーさんが告げていた。身体の半分は埋まる計算である。

行きたくても行けない。

これはしょうがない。

僕だけでも休もう。


〝学校には行こうとした〟というアリバイづくりのために、一応外に出てみることにする。

玄関を開けて、一歩も前に進めず、「ああ、これはしょうがない。行きたかったけどどうしようもない。休みましょう！」となる算段である。

がらがらと玄関を開けた。

道が、ある。

そんな馬鹿な。

村の大人たちが総出で雪かきをして、せっせと道を切り開いていた。

「ああ、余計なことを……」

どうやら学校に行かなくてはならなくなったと悟った僕は覚悟を決め、やけに光る真っ白な地面に足を踏み出した。

雪の中、集団登校のみんなと合流する。全部で7人。先頭の6年生のリーダーは、リーダーバッジならぬ、棒つきの黄色い旗を持っていた。今日ばかりは、雪に負けて黄色が効力を発していない。

みんながランドセルを背負う中、僕だけは、前の学校のときに使っていたナップサックのようなリュックのようなカバンを背負っていた。それが、なんだかよそ者感を演出しているような感じがした。

ざっ、ざっ、と雪を一歩一歩踏み締める。

ライブアライブで頭がいっぱいな僕には、その行く道が2Dのゲーム画面のように見えていた。

前にいるよしひとくんと、雪を食べたりしながら、話しながら前に進む。

「これは、全く無謀な行為だと思うんだ」

「全くその通り、僕たちは恐ろしい一歩を踏み出してしまった。これは、世界の意思に反する大罪だよ」

よしひとくんはまだ小学4年生にもかかわらず厨二病だった。

引っ越してきて誰とも話すことができなかったのだけど、なぜだかよしひとくんとはすぐに仲良くなって、自然になんでも話ができた。

ガンプラや面白いゲームなど、いろいろな話でいつも盛り上がった。

彼にはある悪魔が宿っているらしく、その予言やら何やらを僕に教えてくれた。2人でいても、しょっちゅうその悪魔と会話しだすし、とても面白い人だった。上唇がとんがっていて、顔は水木しげる先生の漫画に出てくるメガネをかけたモブキャラによく似ていた。

「ええ、ええ、なるほど……」

主と会話をし始めた。

「このまま行くと、良くないことが起こります。主が言ってます。世界の意思が勝つか、僕たちが勝つか……」

よしひとくんがそう言うと雪が強くなってきた。前にはもう道がない。雪かきが追いついていない。

顔にぱちぱちと雪が当たって弾ける。顔がサーティワンのポッピングシャワーになったような気持ちだ。甘くはなくて痛いだけだけど。いよいよ目も開けていられなくなってきた。

意味はよくわからないけど、なんとなく、ライブアライブって感じがする一際強い一陣の雪風が吹く。それははっきりとした質量を持って、歩く僕たちを押し返す。

黄色い旗が、思わず棒から逃げ出して薄暗い雪空に飲み込まれていった。リーダーが言う。

「だめだ！　このままだと危険だ！　戻ろう」

ごうごうぱちぱちと雪が踊る。

「僕たちの勝ちだ」

よしひとくんが、僕だけに聞こえるように高らかに宣言をする。

みんなが、「そうだ、帰ろう！」と言った。そのときだけは、集団登校のみんなが心の中でひとつになった気がした。

家に着いた。

頭から爪先まで全身びっしょびしょだ。ストーブの前に新聞紙を敷いて、手袋やら靴やら、その日身にまとった全部を並べる。やがて水分が蒸発しだし、水蒸気の白い煙が上がりだす。

吐く息も真っ白。全身から湯気が立っている。

今日はとにかく白い日だ。澄みきった空気が気持ちいい。

みかんを食べる。

ライブアライブが挿さったスーパーファミコンのスイッチを入れた。


時は進み、２０２２年、当時の１９９４年からすると、近未来の今。

なんと、スーパーファミコンからNintendo Switchに媒体を変え、スクウェアはENIXと合併してスクウェア・エニックスになり、ライブアライブがリメイクされるらしい。

発売が待ち遠しい。絶対に買うぞー！

そして、子どもの頃の気持ちに戻って、あの頃の僕として、YouTubeでゲーム実況なんてしてみようかなあなんて、僕はちょっと思いました。

みんな新宿においでよ

新宿にこの8年ほど、何度足を運んだだろうか。

起きたらすぐに電車に乗って新宿に向かうという日々が、永遠の如く感じられた。これに終わりはあるのか、売れたら終わりなのか、売れても続くのか、そして別にそれが嫌なわけではない、しかし抜け出したいという気持ちもある。そして今日も新宿に向かう。

無限にそこにある新宿に、もうどうしようもなく飲み込まれていた。新宿には全く統一性がない。ありとあらゆる娯楽があるし、ヤクザ事務所からアニメイトまで（実際にヤクザ事務所を見たことはないけどきっとあるよね？）ありとあらゆる人間が集まる場所があるし、ありとあらゆる人の感情が渦巻いている。365日、3650日、36500日、毎日きっとどこかで事件が起こっているであろうと思わせるその空間は、まるで魔窟だ。

新宿のハイジアV－1という地下の劇場で、それは起こった。

出番を待つ間、V－1の楽屋を出て、お笑い劇場、釣具屋、飲食店など、さまざまな施設をつなぐホールの真ん中でのほほんとしていた僕の全身を、突如として爆発音が襲った。

バン！！！！

何が起こったか一瞬わからなかった。数秒の間を置いて、最初に思ったことは、

「銃声だ……！」

新宿という土地も相まって、僕にはそれが、銃の発砲音だとしか思えなかった。何の誇張もなく、少しだけ地下が揺れていた。「やばい、これはきっと、にっぽんヤクザとちゅうごくマフィアが闘いを始めたんだ。これから、この場所から大抗争が始まる」と感じた僕の脳内はフル回転し、この窮地から助かるためのありとあらゆる計算式が駆けずり回っていたが、現実世界の肉体は一歩も動けていなかった。

新宿の地下が、爆発の後、反動で圧縮されたように張り詰めた音のない静寂に包まれた頃、新宿の底から、一人の男が出てきた。

真っ黒なダウンジャケットのフードを目深に被り、覚悟を決めたように下を向き地面を見つめながら、まさに今人を撃ってきましたと言わんばかりの感情が読み取れない深淵の

ような目で歩みを進めるその姿はまるで鉄砲玉、ヒットマンのように見えた。

そうか、この人が誰かを銃によって殺めたのだ。これからこの人は警察に出頭するのだな。ということは、これで事件は終わりなのか。

そうして、その男が僕の横を過ぎる。その一瞬、フードの中を覗いて気づいた。


ともしげだ。


モグライダーのともしげさん。呼び捨てすみません。モグライダーはウルトラツッコミの芝さんとウルトラボケのともしげさんによるお笑いコンビである。きっとそのうち日本の誰もが知る存在になるはずなので、余計な説明は控えますね。

ともしげさんは、新宿の地上への階段を上り、ゆっくりと新宿の街へと消えていった。一体どういうことなのだろう。ともしげさんがヒットマン？　そんな訳はない。状況がうまく飲み込めない僕は、楽屋に入り、芸人たちに話を聞いた。

「ともしげが、劇場の壁に突撃していった」

「ともしげが、思い切り劇場の袖に突進していって、袖のカーテンを引きちぎり巻き込み、しばらくうずくまった」

「ともしげが、漫才中、袖に向かって走り始め、その初速のまま壁に猪のように激突していった」

などさまざまな証言を得て、やっと僕はあれが銃声ではなく、ともしげさんが漫才中に劇場の壁に猪のように思い切り突撃して新宿の地下を揺らしたのだという事実にたどり着いた。猪突猛進という言葉をここまで体現した人が、かつてこの世にいただろうか。

新宿の街に消えていったともしげさんは、引きちぎってしまった袖のカーテンのフックを買いに行ったらしかった。

やったネタは、『範馬刃牙』の中で出てくるゴキブリダッシュを習得して足が速くなりたいと言って（漫画によると、ゴキブリは初速から最高速が出せるらしく、それは人間サイズにすると新幹線に近い時速270キロの速さに到達するらしい）、ゴキブリのように身体を液体化し、ダッシュをするというものらしい。

ともしげさんは、漫才中にまさかのゴキブリダッシュを本当に習得してしまい、あまりの速さに止まらなくなってしまい、きっと時速270キロのまま突撃していったのだろう。すごい人である。

ある日は暗闇の袖にいる僕に、「よく見たらかわいいね」と言い、顔を近づけてきた。

すんでのところでかわした僕に、「何で避けるの？」と言ったともしげさんは、理解の範疇を超えていた。

かと思えば、ある日ともしげさんの服に米粒がついていて、僕がそれを指摘すると、なぜか仁王像さながらの憤怒の表情を浮かべその米粒をむしり取り、僕に投げつけてきたこともあった。

袖で出演者のネタを観ながら座り込み、ずるずると音を立て、インスタントカップ蕎麦をすすっていたこともあった。袖で、まるでそこが家であるかのようにくつろぎ、肘をついた手に頭をのせて寝転んで足をゆらゆらと振りながら出演者のネタを観て、少しだけ袖から足が出ていたこともあった。

全くの無表情で芸人たちのネタを観ているかと思ったら、すべった芸人の姿を見て、「くふふふ」と子どものような無邪気で輝いた笑顔で、嬉しそうに邪気にまみれた笑い声をあげるともしげさんも目撃したことがある。

袖で、トム・ブラウンの漫才を聞きながら携帯をむんずとつかみ、風俗のサイトを必死の形相で睨みつけ、予約ボタンを押したら予約がいっぱいですと表示され、頭を抱えるともしげさん。と同時に、布川さんの「だめー！」というツッコミが響き渡る、奇跡的な光景も見たことがある。

モグライダーさんが主催の東部第33部隊というライブの企画で、細川たかし選手権というものがあり（細川たかしゲームで戦い、負けた方のリーダーが細川たかしさんの髪形にするという企画）、負けた方のチームリーダーであったともしげさんは、自ら考えたであろう企画にもかかわらず、頭にバリカンを入れられるとき、嫌すぎたのか、鼻から血を流していた。僕ははっとした。この光景は、漫画『シグルイ』でしか見たことがなかった。主人公藤木源之助は、己を殺して士を貫く行動をするとき、鼻血を流す。そのときのともしげさんは、己を殺して芸を貫いたに違いない。かっこいい。

しかし、よく考えるとともしげさんは普段から坊主に近かったので、髪形はほとんど変わらない。理解の範疇を超えている。怖い。

皆さんも新宿に、そして劇場に行きましょう。そこには、ともしげがいるよ。モグライダーさんはきっとすぐにはちゃめちゃに売れちゃうから急いでね！

僕の血は鉄の味がする

M－1決勝に行った。

夢舞台だった。

マネージャーさんから、優勝したら寝られないから、ギリギリまで寝ておいた方がいいよと言われた。

僕はその言葉を真正面から受け取り、優勝するつもりでギリギリまで寝た。

入り時間14時のところ、12時35分に起き、シャワーを浴びる。12時55分にお風呂を出て髪を乾かした。服を着て、刃牙の靴下をはく。

お母さんに、行ってくるよ！と言っておうちを出る。

電車に乗ってしばらく行ったところで気がついた。

「にゃんこスターのパネルがない」

M－1の後には打ち上げ配信があり、そのMCがかまいたちさんなことを知ったにゃんこスターのスーパー3助さんから、「これを持っていって、かまいたちちゃんに『俺たちのことを忘れないでくれ！』と伝えてくれ！」と託された大切なパネルだった。あと、ダウンタウンの松本さんに97点をつけてもらったパネルだから縁起がいいらしい。ありがたい。

これはやばい戻ろうと、M－1行きの電車を降り、おうち行きの電車に乗った。しかし、途中で気づく。これは、どうやら家まで戻ったならば大遅刻になる。

どうするべきか葛藤した挙句、僕はにゃんこスターパネルを諦め、また電車を降り、M－1行きの電車に乗った。ごめんなさい3助さん。さようなら。

そうして10分ほど遅れ、テレビ朝日にたどり着く。すごい数の大人が待ってくださっていた。

これは大ごとだと内心かなり焦ったが、平静を装い「すみません」と謝った。「なかなか大物ですね」と微笑みながら言うご年配のスタッフの方は、かなりの凄みをたたえていた。

「こちらです」。案内されて向かう僕の後ろに、大勢のスタッフさんがついてきてくださる。そうやってテレビ朝日の廊下を歩いているとなんだか、『白い巨塔』の財前五郎教授の総回診を思い出した（いや、本当に申し訳ございませんでした）。

リハ途中に合流したが、ファイナリストたちが怒っている。僕は失格だと次々に言っている。

モグライダーの芝さんが言うには、一緒に最後までいるのは構わないけど、もう本番に出ることは決してできないらしい。みんなすごく面白くいじって助けてくれて、本当に優しいなあと思った。でも、みんながあまりにもリアリティを持って言うので、もしかして、本当にもう出られないのかなと少し怖くなった。

宮殿みたいなスタジオで、みんなで写真を撮ったりきゃっきゃした後、楽屋に行く。楽屋のテレビに映る敗者復活戦。ちょうど、平場でキュウの清水さんがずっと福山雅治のものまねをしていた。手を顔にかざし、何を振られても、「実に面白い」「あんちゃん」「小雪も入れて」と繰り返していた。なぜ福山雅治なのか、なぜ小雪に呼びかけるのか、全く意味がわからなくて、会場にも全然ウケてなくて、とても怖かった。

待ち時間が長かったため、国崎くんと2人で、駐車場にある事務所の車に行った。座席を限界まで倒して、車の天井を見つめながら、「清水さんめちゃ面白かったね！」「いや、あんなにすべったらもう終わりだ」など、いろんなことを話しながら1時間ほどを過ごした。

本番が近くなり、楽屋に戻る。みんなピリピリしている。

そんな中、これから生放送という状況にもかかわらず、興奮したのか、モグライダーのともしげさんが鼻血を出して仰向けに寝転んでばたんきゅーしていた。「この人はなんてすごいんだ」と思った。

そうして、ついにM－1グランプリ2021決勝が始まった。

待機スペースで、引かれる笑神籤《えみくじ》を待つ。1番手にモグライダーが引かれて、なぜだかモグライダーの次はランジャタイだなと思った。

モグライダーが終わり、引かれた笑神籤の裏がほんの一瞬見えたとき、ランジャタイの文字がわずかに透けて見えた。

なので僕は呼ばれたと同時にロケットスタートを切ったが、国崎くんは呼ばれてもその場を動かないというボケをしていた。

みんなに一斉にツッコまれていた。歴代チャンピオンが見守る廊下を歩くときも、チャンピオンの前でいちいち足を止めていた。本当はあの廊下で持ち時間4分を終えるというボケをしたかったらしい。

廊下をゆっくりと歩いてしまったため、小走りでスタジオの裏を急ぐ。

せりあがりの台が見えた。

一度立ち止まり、台を見つめる。

そして一歩踏み出す。

そこにずーっと立っていた夢の自分に、現実の自分が重なり、交わりあってひとつになった。

台が動き出す。スクリュー式のせりあがりに身体を持っていかれそうになる（一説によると、前回のマヂカルラブリー野田さんの土下座が原因で、せりあがりボケ対策によりスクリュー式になったらしい。本当かは知りません）。

せりあがりの一瞬、なんとなくこれまでのことを考えていた。

思えば、何の結果もないまま、すべり続けて、それでも根拠もない自信だけを胸に抱えて、14年、ずーっとやってきたなあ。

これからM－1で漫才をするんだなあ。

せりあがりが終わり、舞台とつながった。

いざ舞台に飛び出そうとするそのとき、国崎くんが言った。

「行くぜ、相棒」

「うん」

背中をポンと押される。

国崎くんが光に消えていく。

その背中を見ながら、僕も舞台に向かった。

翌日、大阪行きの新幹線のなかで、席が隣だった国崎くんに言った。

「SNSで、あの背中ポンの国崎くんがかっこ良すぎると大騒ぎになっているよ」

彼の顔が怪訝な面持ちに変わる。

「やべー！　モテちゃうね！　そのままにしとくか、どうしよう……」

そして彼は、僕にとっては衝撃の真実を語り始めた。

我々にはすべりのジンクスがある。

出番前に、背中を叩かれると必ずすべるというものだ。

確かに、僕たちは過去、それで何度もすべってきた。それは共通の認識だった。


あのとき、彼は直前に、「行ってらっしゃい」とマネージャーに背中を叩かれたらしかった。もちろんマネージャーはそんなジンクスなど知る由もなく、純粋にパワーをくれたつもりだったろう。それに焦った国崎は、そのすべりのかたまりをなすりつける相手を探していた。

しかし、他のファイナリストにすべりをなすりつけるわけにはいかず、あろうことか相方である僕の背中にすべりを背負わせたのであった。

「自分さえウケればどうでもいい。俺はウケる。お前は存分にすべってくれ」

ということなのだろう。

それを聞いて、背中に冷たい汗が流れた。

どういう気持ちでそれを僕に伝えているのだろう。恐ろしすぎる男だった。

果たしてあの日、すべりを一身に背負った僕はすべっていたのだろうか。
すべっていたのかもしれない。最下位だったし。

なんにせよこのままでは終わりたくない。また来年がんばろっと！
いつかこの星の一等賞になりたい！

不思議の国のあかこちゃん

部屋に、一枚の絵が飾ってあった。いつからあったのかはわからない。ずーっとそこにあったのかもしれない。

きれいで鮮血のような真っ赤な着物を着て、きれいで夜のような漆黒の御髪《おぐし》をした、肌が真っ白な大人の女性の絵だった。見ていると吸い込まれそうで、笑顔を向ければ微笑みを返してくれそうな、妖気というかなんというか、妖を額縁とガラスでぎりぎり封じ込んだような、そんな危うい日本画だった。

当時3歳くらいだった僕は、その絵に魅せられていた。僕はその絵の女性に名前をつけようと思った。赤かったのであかこちゃんと名付けた。自分の部屋なんてものがあるはずもなく、幼稚園にも入る前で、ずーっとその部屋にいた僕にとって、あかこちゃんは常にともにあった。

まだ妹が生まれる前なので、僕、母、父の3人暮らしだ。お手洗いはぼっとんで、風呂場にはシャワーもなかった。警察官の父は、いつも今日は犯人をいかに懲らしめたのかという話をしていた。夜になると、机をどかして、そのままその部屋で布団を敷いて家族3人で就寝。やがてうとうとと意識が暗闇に溶けていく。


「こうちゃん、こうちゃん」

身体がゆらゆらと揺れる。

「こうちゃん、こうちゃん」

身体がぐらぐらと揺れる。

「こうちゃん、こうちゃん」

身体がぐにゃぐにゃと揺れる。


目を開けると、あかこちゃんが僕をわしゃわしゃと揺さぶっていた。

「わあっ！」と驚いて手を前にかざすと、あかこちゃんは、ものすごい残像を刻みながら翻り、一瞬にして天井付近まで飛んでいく。

手をこちらにひらひらとさせているのだが、それもすごい残像を帯びていた。「おいで、おいで」。笑顔でそう呼びかけてくる。

あかこちゃんが動くごとに、空間に残像が刻まれてうつろっていく。まるで万華鏡を見ているようだった。

横に寝ている両親を揺さぶって起こそうとするが、いくら大声を出してわめいても、いくらぺちぺちと顔を叩いても、決して起きない。

2人の顔は妙に白くて、冷たくて、部屋の空気はひんやりとして、こんなに騒いでいるのになんで起きないのか不思議でしょうがない。「起きてよ！　起きてよ！」。いくら叫んでも、ぴくりとも動かなかった。

そうこうするうちに僕はいつのまにかぷつっと意識を失う。意識を失う間際に絵の方を見ると、絵は真っ白で、そこにいるはずのあかこちゃんはいなくて、真っ黒な額縁が妙にてらてらと光っていた。

はっと朝起きて、すぐに絵を見てみると、そこにはまた、あの女性が凛と佇んでいた。両親も、あんなに起きなかったのが嘘のように、普通に朝ごはんを食べていた。「絵から女の人が出てきたよ！」と伝えても、まともに取り合ってはくれなかった。

そこからあかこちゃんとの、恐怖の日々が始まった。

毎夜毎夜、あかこちゃんは僕を、「おいでおいで」と誘う。

おでこにパンチしても、脇腹を蹴りまくっても、耳元を引っ張りまくっても決して両親は起きない。

あかこちゃんは部屋中を飛び回り、とても楽しそうだ。

昼間になると、あかこちゃんはしっかりと絵の中に収まっており、知らん顔をしている。いくら話しかけても何も返ってくることはない。「夜の私と一緒にしないでよ！」とでも言いたげな顔をしていた。

一体そんなにどこに誘っているのだろう。


そんな日々も10日ほどが過ぎ、そんなに誘うなら、一度導かれてもいいのかなと思い始めたその頃。

朝起きると、何やら世界の様子がおかしい。

部屋がとても広い。家具のひとつひとつがなんだかでかい。

なんだこれは、どうなっているんだろう。

全部が近いのに遠くにあるような、遠いのに近いような、遠近感がおかしいような不思議な感覚。

「おはよう」。そう言った母は、異常にでかい顔をしていた。

お母さんが巨大に見えるようになった。その日から、お母さんは巨人になってしまった。何をしていても巨大で怖い。

巨大な母がじゅうじゅうとご飯を作る。巨大な母がケタケタと笑っている。巨大な母がどすどすと走っている。巨大な母が一心不乱にテレビを見ている。

それだけでは終わらず、周りの空間がすごい速さで進むような、ぐるぐると回転しているような感覚がたまに降りてくるようになり。周りの音が凄い速さで大渦となり、周りの景色とともに僕の中に入ってきたり。とにかく、摩訶不思議な日々だった。

いくらあかこちゃんが抜け出てきて万華鏡みたいに騒いでも、横を見ればそこには巨大な母親がいる。怖くて起こそうとも思わない。

もう何もかも麻痺してきていた（大人になってから調べると、それは「不思議の国のアリス症候群」というもので、簡単に言うと不思議の国のアリスのように周りのものが大きく見えたりしてしまうものらしい。子どもの頃にかかる人はまあまあいたりするそうだ）。

大騒ぎのあかこちゃんを尻目に寝に入る。

不思議の国のアリス症候群のときに寝ると、自分がどこまでも際限なく落ちていくような。地面を重力でへこませながらずーーんと深く深く沈み込んでいくような。周りがどんどんでっかくなって、自分はどんどん縮み込んで沈んでいくような。そんな感じだった。

あかこちゃんとの毎日を終わらせようと、朝起きて、巨大な母に再び伝えた。あの絵から、夜な夜な女の人が抜け出てきて、毎日毎日僕に話しかけてくるんだ。

「何言ってるの！　前にも言ってたね。気味悪い！　しまおう！」

あかこちゃんは引き出しにしまわれた。そしてそれ以降、一度も壁に飾られることはなかった。

「こんな絵の何が怖いの！」と、巨大な母が引き出しをかしゃんかしゃん！と開け閉めしていた。

甘くて苦いバレンタイン

2月14日。小学4年生。

生まれて10回目のバレンタインデーがやってきた。

僕はモテなかった。モテるとかモテないだとか、それ以前に、まず女の子とまともに会話したこともなかった。

だから、僕は2月14日がたまらなく嫌いだった。もらえないことは確定しているのだが、もらったらもらったで、どんな顔をして受け取ればいいかわからない。絶対もらいたくない！というような、およそ意味不明なことを思っていた。

学校に行くと、男子は内ばきのシューズのかかとを踏みながら、いつもと同じふりをしながらそわそわとしているし、女子は男子を見ながらお互いの肩を叩き合い、コソコソきゃっきゃきゃっきゃといつもとは違う感じ全開だった。ちっちゃな教室のそこかしこで、いろいろな人間模様が繰り広げられていた。

休み時間になると、男の子と女の子が2人ずつ教室の後ろに行ったり、呼ばれて廊下に出たり。両手にチョコいっぱいの男子がいたり。また、別のクラスから別のクラスへ移動したり。とてもとても楽しそうだった。

好きな男子にチョコを渡し、もらって照れくさそうにする男の子の目を見る女の子の笑顔は、とてもかわいらしく見えた。

僕はそれらの光景を、決して自分とは相容れない世界の出来事として、前から3番目で窓側一番端っこの席から見ていた。

一日の授業を終え、肝油ドロップをもらい（あれ美味しかったなあ）、「せんせいさようなら」の挨拶が終わった。

チョコをもらえた人ももらえなかった人も、みんながそれぞれおかしな空気を身にまとったままランドセルを背負い、もう帰っちゃうよ？　いいの？となってきだした頃。そして僕が、「やった！　このまま何事もなく帰れる！」と誰とも話さず、いつもと変わらない一日を終わろうとした頃。

パチン！

と教室内に大きな音が鳴り響いた。

僕の机に、まるで将棋の一手のように、将棋のコマのような小さなチョコが叩きつけられていた。

顔を上げて見てみると、目の前にかわいらしい女の子がいる。びっくりした。

僕にチョコをくれる女子なんているはずがない。

何せ女の子としゃべったことがないのだから。

しかし、今現実に目の前にいる。

これは？？　告白されるのかな？？

何をどう返事したらいいのかな？？

いつも下を向いて過ごしていたので、その子がクラスメイトかどうかもよくわからないけど。王手一撃、まいりました。

心臓がチョコになって、チョコ心臓のポンプ機能で、脳みそからつま先まで、血液ならぬ甘いチョコが流し込まれていくような感覚だった。甘い思考に満たされて、どうしようかと口をぱくぱくさせる。口の動きとは裏腹に、言葉は全く出てくれない。何か言わなければ。

すると、女の子が、すーっと歩いて去っていった。あれ？　まだ何も言ってないのに。どこに行くの？

呆然と見ていると、しばらく歩いて、またぴたりと足を止めた。

パチン！

また将棋盤に駒を打ったような音が響く。

チョコを置いたその机にいたのは、よしひとくんだった。よしひとくんは、僕がしゃべることのできる唯一と言っていいほどの友達だった。もちろん僕と同じように全くモテなかった。

よしひとくんも僕と同じように口をぱくぱくとしていた。

よしひとくんが何かを言いそうになったそのとき。女の子はまた移動を始め、また別の男子の机の前で止まり、3手目の駒を打った。その相手はもちろん、クラスのとびきりモテない男子だ。

ああ、これはまさか……。そんな残酷な。

その後6人の机にチョコを置いて、その女の子は帰っていった。みんな口をぱくぱくとさせていた。

クラスのみんなが帰っても、9人はその場を動けずにしばらく席に座っていた。ぼーっと口を開けて黒板を見ていた。そして、ゆっくりと、誰ともなく立ち上がり、小さなチョコをむんずとつかむ。一人、また一人と椅子から立ち上がり、教室から帰っていった。

僕一人が教室に残った。

9人それぞれがきっとわかっている。チョコをもらった9人は、とにかくチョコなんかもらえるはずのない9人で、事実もらえなかった9人だ。このチョコはあの子の憐れみの一手なのだ。

クラスの、決してこの先、金に成ることはないであろう、どうしようもない歩の9人に、小さなチョコをくれたのだった。

全身に巡っていた、さっきまで砂糖だらけで人工的な味のする甘かったチョコが、一気にカカオ95パーセントくらいのビターチョコに変わったような、そんなほろ苦い感覚がした。

机の真ん中にあるチョコを見つめる。

どれだけ小さく、これ以上ないくらいの義理チョコでも、チョコはチョコだ。優しい子じゃないか。食べようとして、包み紙を開く。

「ホワイトデー、すてきなお返し待ってます」

開いた包み紙の裏側にそう書かれていた。

チョコを口に放り込み、教室を後にした。チョコは甘いはずなのに、全く味がしなくて、ただただ口の中が真っ黒になった。

家に帰ると、「あんた、どうせチョコもらえんかったでしょ！　あげるわ！」とお母さんが小さな箱をくれた。

開けてみると、そこにはうんこが入っていた。

うんこ？

バレンタインデーにチョコをもらえなかった息子へうんこをあげるという新手のギャグかな？と一瞬考えたが、さすがにそんなはずもなく。よく見るとそれはチョコでできていた。パッケージを見ると、『リアルうんこチョコ』と書かれていた。

売るメーカーもメーカーなら、これを選ぶ母も母である。

恐る恐るリアルうんこチョコを食べてみる。それはやっぱりチョコでとても甘くて、僕はなんだか面白くなって、くすくすと笑った。

黄泉比良坂

中野の大きな公園で、ランジャタイ2人でぼーっとしながら話していると、急にある一人の男が近づいてきた。ロックンローラーのような出立ちで、顔は少し奥田民生に似ていた。

「あの、すみません。僕はアガパンサスのかわぞえというものなのですが、ランジャタイさんが大好きで、良かったら一緒にお酒を飲みませんか」

アガパンサスとは、当時タイタンの預かりだった芸人で、その後バベル、バベコンブと名前を変えながら現在まで活動している。アガパンサスの前はノルウェイズだったそうなので、3回も改名をしている。かわぞえはそのコンビのツッコミだ。何度かライブも一緒になり、なんとなくアガパンサスのことは知っていたし、一度だけ「タイタンはどんな感じですか?」と僕から話しかけたときがあったこともあり、好きなんて言われたらとても嬉しくて、「いいよ! 飲もうよ!」と公園の原っぱで一緒に飲むことになった。

話を聞いてみると、かわぞえくんは2年後輩で、ロックを愛し、UMA、UFOや、オカルトが好きな、なかなか熱い男のようだった。

一瞬で意気投合した。さらに、〝ランジャタイが好き〟の中でも、なんと僕のツッコミが好きなようだった。

僕はすっかり有頂天になった。

僕を褒めてくれるその数々の言葉に、すっかり気持ち良くなって、お酒に弱い僕は、日が沈む頃にはふにゃふにゃになってしまった。「かわぞえくん〜好きだよ〜」などと、心を完全に開け放し、隙だらけの姿で目を閉じて寝転んでいた。

なんて良い夜だ。いい出会いがあって良かったな、とうつらうつらと意識が遠のき、眠りに入ろうとしたそのとき、腕に何か激痛が走った。

熱い！

びっくりして目を開けると、かわぞえが無表情で、吸っていたタバコを僕の腕に当てていた。

目をかっぴらき、口を開け、呆然とかわぞえを見ていると、まるで刺身に醤油をつけるかのような所作で、ちょんと、もう一度腕にタバコを当ててきた。

熱い！

脳内で確認をする。「こいつは確か、僕のことを好きだと言っていたやつだ。それがなぜか今はタバコを僕の腕に当ててきている。どういうことだ」。思考は追いつかない。まるで辻褄が合わない。

また刺身を食うように、タバコを口元に持っていく。その一口が終わったら、また醤油をつけに来るはずだ。その醤油は僕の腕だ。

タバコの刺激で、電気信号のように脳に指令が送られる。「とにかくこいつから逃げないと。こいつは危険だ」。と同時に、熱さで何かのスイッチが押されたのか、猛烈な吐き気が僕を襲う。僕はかわぞえから思い切り逃げた。吐く場所も探していた。とにかく距離をとりたかった。

大きな木の下にたどり着き、木の根元に思い切り吐いた。木には申し訳ないが、これを栄養としてさらに育ってほしい。そうしていると、背中に何か気配を感じる。

振り向くと、かわぞえが、タバコを裏ピースサインにした人差し指と中指に携え、ゆっくりと追いかけてきていた。その光景を目の当たりにし、さらなる吐き気を覚えた僕は、また別の木まで逃げて、そこでさらに吐いた。

そうしているとまたかわぞえがやってくる。ふらふらと必死に走って逃げる僕とは対照的に、かわぞえが一歩一歩ゆっくりと、悠然と追ってきていた。今度は、両手にダブルピースで、火のついたタバコを携えていた。

その姿はまるで、ジョーカーのようだった。歴代のどんなジョーカーも、あのときのかわぞえには敵わないだろう。

中野の公園は、ゴッサム・シティに姿を変えた。とにかく恐ろしかった。逃げることに必死だった。無我夢中で中野ゴッサム・シティを逃げ回った。

這《ほ》う這うの体でかわぞえを撒き、必死に家までたどり着いた。鍵をかけ、すぐさま布団に潜り込み、見えるはずはないのだが、かわぞえに見つかりやしないかと息を殺していた。

しばらくすると、ドアがノックされた。

ドンドンドン！　ドンドンドン！

かわぞえだ。つけられていたのか。

「伊藤さん。開けてください。いるんでしょ」

開けるわけないじゃないか、何を言っているんだ。

ドンドンドン！　ドンドンドン！

「伊藤さん、話しましょう。話せばわかります」

何を言っているんだ。わかるわけないじゃないか。話すことなど何もない。

「伊藤さん、入れてください」

とにかく、静かに、静かに、布団に潜んだ。絶対に見つかってはならない。返事をしてはならない。イザナギとイザナミの日本神話が頭に浮かんだ。黄泉の国から現世に帰るまで、決して振り返ってはならない。

決してドアを振り返ってはいけない。決して返事をしてはいけない。ここは黄泉比良坂《よもつひらさか》だ。僕は、自分がそのとき〝世界に存在しない、ここには誰もいない〟と思い込んだ。そうして僕は、部屋から完全に姿を消した。

朝を迎え、部屋のドアを恐る恐るゆっくりと開けてみた。そこにはもうかわぞえの姿はなかった。良かった。部屋に戻ろうとすると、足に何かが当たった。タバコの吸い殻だった。瞬間、昨日のことが思い起こされ、急いでドアを閉めた。

あれから8年。今やかわぞえは、僕の人生になくてはならない存在となった。時間が空けばとにかくかわぞえに連絡をしている。

何度カラオケで夜を明かしただろうか。人生とは何があるかわからないものである。

今話を聞けば、あのときは近づき方がよくわからず、仲良くなりたいがために、コミュニケーションの一環としてタバコを当ててみたそうである。

言葉の意味は全く理解し難いが、刺激的な出会いを経て、結果として今は親友となった。ありがとう、かわぞえ。タバコは、押し当てられたわけではないので、もちろん腕に何も跡は残ってはいない。いずれにしても、二度とタバコは身体に当てられたくないものである。

激ヤバ

お父さんから電話がきた。仕事中で、すぐには電話に出られなかった。何度も電話がきていた。とても嫌な予感がして、見て見ぬ振りをしていた。深夜、家に帰ってからまた電話がきて、電話に出た。


「お母さん、死んだけ」

「明後日葬式するけ」


そうか。

「わかりました」

そう言って電話を切った。

ありゃりゃ、僕はこの人生に失敗したんだな。

と思った。

失敗した失敗した失敗した失敗した失敗した失敗した失敗した失敗した失敗した失敗した失敗した失敗した失敗した失敗した失敗した失敗した失敗した失敗した。

(『シュタインズ・ゲート』の感じ。絶対アニメだけじゃなくてゲームもやった方がいい)。

ミッションは、お母さんが死んじゃう前にM－1決勝に行って一刻も早く売れて安心させることだったけど、失敗したものはしょうがない。


ライブを休む連絡を入れて、帰る支度をした。

鳥取に帰る朝、国崎くんのバイト場のガソリンスタンドに寄って、自分の分を書いてあったランジャタイのサインの、残り半分を書いてもらった。僕たちのサインは、マイクを挟んで漫才をしている2人の絵で、2人の絵が揃って初めて完成するサインになっている。

国崎くんは、「辛いよなあ」と言いながら、サインの余白上のところに、サインより大きな字で一言、

『激ヤバ』

と書いた。

僕はそのとき、あれ、なんだかおかしいな?と思ったけど、大人しく、

「ありがとう」

と言ってガソリンスタンドを後にした。

そうして、葬式に行くために鳥取に帰った。

大阪まで新幹線に乗って、そこからは大阪まで車で迎えに来てくれた親戚のおじさんと、大阪在住の妹を迎えに行って、そして一緒に実家に帰った。

実家に着いて、玄関を開けるとなんだかひんやり。悲しいね。

真っ先にお母さんの遺体と対面したけど、なぜだか全然泣けなかった。現実感がないというやつだろうか。本当にそうなるんだな。

お母さんは、死に化粧で真っ白で、触ったらとても冷たくて、お人形さんみたいだった。

「お疲れ様。5年間も、よく頑張ったね」

としか言えなかった。


お母さんが亡くなる1週間前に、鳥取に帰った。

お父さんが、「会えるうちに会ってあげてほしい」と言うので、そのときはまさか1週間後に亡くなるなんて思わなかったけど、会えて良かった。

僕を見たお母さんはとても嬉しそうで、こんなに無垢で純粋な笑顔があるのか、と思った。まるで赤ちゃんみたいな笑顔だった。

「テレビ電話で顔見てるじゃん」

と言ったけど、

「電話と本物は、全然違うのよ」

と、嬉しそうに言っていた。

それからいろいろなことを2人きりでしゃべったけど、お母さんはずっと笑顔だった。

「ランジャタイのサインが欲しい」

そう言われて、息子のことをランジャタイと呼ぶお母さんがなんだか面白かった。

「国崎くんは普通にしゃべれる子なの？」

と普通のファンの人みたいなことも言っていて、それも面白かった。

僕は、

「今度来るとき、サイン持ってくるよ」

とだけ言った。

「またすぐ来るからね」

と病室を後にした。

最後だってわかっていたら、1週間泊まって、毎日お話したかったけど、取り返しのつかないことはやっぱりあって、そのときはまさか1週間後になんてわからないし、未来のことなんて誰にもわからないから、ほんと皆そのときそのときの最善を尽くして全力で生きてね！


間に合わなかったサインを手にして、鳥取に帰ってきた。

「お母さんがランジャタイのサインを欲しがってたんです」

と伝えると、納棺師の方が気を利かせてなのか、

「じゃあ、お母さんのお顔の一番近くに置いてあげましょう」

と言った。

僕は、あれ？　そうすると、なんだかおかしなことになるな？と思ったけど、止められなかった。

お母さんの顔のすぐ横にサインが設置された。


『激ヤバ』

笑いはそれぞれの脳内の想像、捉え方で無限大だ。

「どうぞ、見てあげてください」

親戚一同、一人一人、順番にお母さんの前に行く。

きっと泣く用意しかしていなかったみんながピタッと止まる。

少し震えながら口を開けている。必死に笑いをこらえている。

極限状態だ。

絶対に笑ってはいけない。

桂枝雀師匠が言っていた「笑いは緊張と緩和」のきっと究極系。それをこれ以上ないくらいこの世界に顕現させた瞬間がきっと今だろう。

みんな、笑いに耐えきった結果、「山ちゃんはガキの使いをやめへんで」のときの邦正さんみたいな顔になって戻ってくる。

僕の番がやってきた。

僕にとって、確実に人生で一番笑ってはいけない日だ。

覚悟を決めて、お母さんの前に立つ。

ゆっくりと顔を見る。

あまりに強い映像だった。
最愛の母の顔の横に佇む、『激ヤバ』。
いろんな意味を持って、脳内を駆け巡る。

『激ヤバ』
死体のタイトルかな？

『激ヤバ』
この全部の状況がかな？

『激ヤバ』
お母さんの心の声かな？

『激ヤバ』
いや深く考えてはいけない。ただ死体の横に激ヤバと書いたサインが置いてあるだけだ。

『激ヤバ』
やめへんでのときの邦正さんの顔がお母さんの顔に重なって浮かんできた。

『激ヤバ』
赤白帽を被って邦正さんをゴボウでしばこうとするモリマンさんの顔も重なって浮かんできた。

『激ヤバ』
無限に襲ってくる。

『激ヤバ』
たしかにヤバい。

『激ヤバ』
そりゃヤバいけども。
僕は耐えきれずに笑ってしまった。

国崎くんの中でどこまでのことが描けていたのかは知らないが、悪気はなくてもなんでも、どんなときでも人を笑わせるために生まれてきたのだな、と思った。ここまですることないけども。

たとえ全員が泣いているときでも、泣いている人たちを笑顔にするためにボケるのでしょう。

いやそんないいもんじゃなくて、全くそんな崇高な理由ではなく、ただボケたいからボケるのでしょう。

みんなと一緒に泣いているふりをして、手の下からふざけた顔でこちらを覗くのが目に浮かぶ。

悲しいが面白いになった。

一番辛かったであろうお父さんも笑いをこらえていて、その顔がまたこの上なく面白かった。

帰りの新幹線の中で、お母さんへの、今までのありったけの思いをメールにしたためた。

その文章の行き場がなく、連絡先に登録されていたお母さんのメールアドレスに送ってみた。

エラーで返ってくると思ったメールは、なぜかそのまま送れてしまった。

僕は、奇跡的に1回だけ天国にメールが届いたのかも、と思って、その瞬間に涙があふれて止まらなくなって、お母さんが死んでから初めて泣いた。

お母さんが読んでくれている、と思った。

そのまま東京に着くまで声を殺して泣き続けた。


その後1週間くらいして、国崎くんに、「お母さんにメールが送れて、天国に届いたのかな？」と話をすると、

「いや、親父がメール読んだだけよ」

と衝撃の一言を言った。

確かに。

はっと現実に戻り、1週間分の涙が引っ込んだ。

は？　なんこいつヤバ。

むかついて、鼻にぎゅっと皺が寄った。

真夏の芝浜

夏の夜の公園で、『芝浜』をした。客は国崎くん1人、高座は砂場とすべり台。

「談志師匠の芝浜がさ、すごかったんだよ！」

談志師匠の芝浜を映像で観て、泣いて笑って驚いてまた泣いて、あまりにも大興奮してしまった僕は、昂《たかぶ》る気持ちをそのままに、熱弁した。

「ちょっと観て！」と、僕は談志師匠がしていた芝浜をやった。もちろん何もかも違うだろうし、全くちゃんとできてないだろうし、上下《かみしも》やら何から何までめちゃくちゃだったろうし、普通の芝浜は知らないけども。

談志師匠の芝浜がいかにすごかったか伝えたかった。

大拍手の中下りる緞帳《どんちょう》とともに、最後に、にかっ！と、生まれたての子どもが初めてお母さんを見つけたみたいなその笑顔に、「かわいい」と思った。

落語の歴史なんて全然知らないし、談志師匠のもっとすごい瞬間も数えきれないくらい

あったのだろうし、なんにもわからないけど、

「このおじいちゃん、大好き！」

と思った。

とんでもないものを観た。生で観てみたかった。

同じ時代を生きられていたのに、立川談志という存在は知っていたのに、なんで観に行かなかったのだろう、と後悔した。

国崎くんは、僕の談志師匠の芝浜を観てすぐ後に、『パカラ』という落語を作った。

それまで落語を観たことがないというのが本当なら、僕の一生懸命やった談志師匠の芝浜を観て、パカラを作ったのでしょう。落語を観たことがないというのが嘘でなければ。

嘘ばっかつくのでわからないですが。


それから、鳴かず飛ばずでウケずすべる、できればウケずすべるは夢だったことにしたい！（何やかんや楽しい）の日々を何年も過ごした後、僕たちはM－1グランプリ決勝に行った。

結果は最下位だった。

なんだそうかこれはまだ夢か。も少し寝よう。

圧倒的最下位の中、大好きなおじいちゃん、立川談志師匠のお弟子さんの立川志らく師匠は、96点という高得点をつけてくださった。

志らく師匠のことは、談志師匠の芝浜の後、お弟子さんのことも気になって、志らく師匠の落語も観ていて好きだったので嬉しかった。

それからしばらくして、志らく師匠がツイッターでたくさん褒めてくださって、なんと、独演会にまで呼んでいただけることになった。

僕はわくわくして会場に向かった。

楽屋裏で出会った志らく師匠にご挨拶をして、出番を待った。

袖から観たオープニングで、信じられないようなお言葉をたくさんくださった。

「あのとき100点をつけなかったことを後悔している」

「私のことをランジャタイのファンと言っている人がいますが、私はファンじゃないんです。ライバルと思っているんです。戦っているんです。負けたくない。ライバルは、伯山、談春、ランジャタイです」

「伊藤くんが談志の芝浜を観て感動して、コピーして国崎くんに観せたらしくて。あんな小さな画面じゃだめなんです。私が芝浜をやります」

「ランジャタイのためだけにやります」

会場がどよめきに包まれる。

芝浜は、年末や大晦日にする大ネタで、真夏にやるものではない（にわかな知識だが）。

僕は、今まで味わったことがないような感情が脳に渦巻いて、その風圧で閉じていた全身の毛穴がひらかされて風が抜けていって、ぞわっとした。

その後僕たちを呼び込んでいただいて、志らく師匠と少しお話をした後、先に志らく師匠が高座に上がる。

演目は、『短命』。固唾をのんで全身に焼き付ける。

その落語中、志らく師匠の周りを蠅が1匹飛び回っていた。

「また来てるよ」

袖にいた、お年を召した女性が言う。その方は、談志師匠と一緒に全国を回って、今は立川一門の方と興行を回っている人だった。

「弟子が落語してると、毎回蠅が来るんだよ。あんまりにもいつも来るもんだから、ありゃ談志だ！て話になってさ。弟子が気になんのかねえ」

「誰かはたいちまいな！っていつも言ってんだよ」

袖で笑いが起こる。粋だなあ。

僕たちの番になった。思いっきり漫才をする。

すると、ＰＫ戦のネタのときに、蠅（談志師匠）がゆっくりと近づいてきた。

あ、談志師匠が観てくれてる！！！

ドキドキした。蠅に緊張したのは地球上で僕くらいだろう。

蠅（談志師匠）が国崎くんの間近まで来る。そのとき、

「うがー！！！」

と何も理解していない国崎が奇声を上げて暴れた。

ああ！　なんてことを！！！　手が蠅（談志師匠）に当たる！

「ブーーーーン！！！」。蠅（談志師匠）は、国崎の暴れる手をかわし、凄い勢いでくるくると円を描きながら、あっという間に逃げていった。

ああ、蠅（談志師匠）……。

最後まで観てほしかった……。

驚かせてごめんなさい……。

驚かせたどころか、なんなら国崎が攻撃を仕掛けていた。なんとか国崎の攻撃をかわし、蠅（談志師匠）はことなきを得た。良かった。

志らく師匠が高座に向かう。

その後について、袖に行く。国崎くんよりちょっと後ろの位置につけて、志らく師匠の芝浜が始まった。

国崎くんの背中越しに観る芝浜は、それはそれはすごかった。

あのとき国崎くんに芝浜をやって、それを受けて志らく師匠が芝浜をやってくださって、それを僕は国崎くんの背中越しに観ている。

全部がつながっていく。


誰の人生もきっと、無駄なことなんてひとつもない。もしそのとき死にたくなるようなことでも、そのとき生きてて良かったって思えることでも、きっと全部つながって複雑に絡まって渦を巻いてうまくいく。と思います。

その渦の果てで最後、特大大失敗とか、小失敗とか、無、とかもあるのかもしれないけど、それはそれでどちらかといえばあり。

どうしようもないそれを、最高に大笑いして終わりたい。


真夏の芝浜は、僕の中で結晶化して、永遠になった。

僕はそれまでの経験上、手に入らなかったものが自分の中で結晶化して永遠になるのだと思っていたけど。手に入らなかったからこそ永遠なのだと思っていたけど。

手に入ったものも永遠になるのだと知った。

頑張って永遠を増やしていきたい。

真夏の芝浜の感想は、無粋になる前に、これにてさげさせていただきます。


全部が終わって、志らく師匠とお話をして、志らく師匠と国崎くんが向井秀徳さんのお話で盛り上がっていて、僕も向井秀徳は好きだったけど、今はあなたたちで楽しんで！と嬉しく見ていた。

楽屋に帰ると、「志らく師匠から」と鰻が差し入れで届いた。

談志師匠が好きだった鰻だそうだ。

それは今まで食べた鰻の中で絶対に一番美味しくて、「粋」とはこういうことなのかと、これ以上ないくらい教えていただいた。まだまだ世の中は、言葉だけで知っていても、本当には知らないことばかりだなあ。言えばいいってものでもない。知らずに適当に言葉を使ってるなあ。

なんてかっこいいんだ。

「このおじちゃん、大好き！」

と思った。

「夢になるといけねえ」

と言えるようなそのときまで、足掻いて足掻いて、夢に溺れて現実で呼吸ができなくなってもそれでも、生ききろうと思った。そしてそこを超えてもたくさん生きる。そうして最期は大笑い。

36歳の夏休み

「うあああああああ！」

慟哭が響く。血塗れの手で、荒波タテオが泣いていた。

ＬＩＮＥのグループに、「カラオケに行こう！」といつものようにＬＩＮＥを流し、いつものメンバーでカラオケに行った。『こうちゃんライブ』というトークライブを月一で一緒にやっていたメンバーだった。

バベコンブ・かわぞえ。タケイユウスケ。荒波タテオ。マスオチョップ・西園は時間が合わず来られなかった。

ロックが好きで、どうしようもなくそれぞれどこかが欠けている僕たちは、何かあるたびに、何もなくとも、しょっちゅう集まってカラオケに行ってはヘトヘトになるまで歌い、叫んでもがいていた。

悲しみの果てみたいな日もカラオケで一緒にいてくれたし。

夢が叶った次の日は、かわぞえとカラオケに行って僕はめちゃくちゃに泣いたし。

夢が終わって最下位になったあの日も、いつものように待ち合わせは高円寺。みんなでカラオケに行った。「最高でしたね！」とみんな最高の笑顔でひたすら喜んでくれた。

終わらない青春ごっこが楽しくて、忘れられない出来事がたくさんあった。楽しいことも悲しいことも全部抱きしめて、これからも全開で生きていきたい。

僕は、銀杏ＢＯＹＺと神聖かまってちゃんとエレファントカシマシとandymoriとフジファブリックと安室奈美恵と中森明菜とKinKi Kidsとフラワーカンパニーズを声の限りに歌った。


終電に追いつかれて、カラオケ屋を後にする。結構なぎりぎりだ。みんなで真っ暗な道を走る。

「じゃあ、またね！」とお別れをする。荒波タテオと僕は、同じ電車だった。終電に揺られながら、まだ今日を終わりたくないなあと思った。

ふと、線香花火がとてもしたくなった。タテオの家には小さな庭があるので、そこでなら線香花火くらいは迷惑にならずにできる気がした。

タテオに提案したら、「ええ、伊藤さん、やりましょう」と、おうちに行くことになった。

途中、コンビニに寄って花火を買う。コンビニをウロウロしながら花火を探す。なかなか見つからない。店員さんに場所を聞いて、小さな花火コーナーにたどり着いた。線香花火単体は売っていなくて、透明な袋を目を凝らして見る限り、一番たくさん線香花火が入っていそうな、アンパンマンのパーティー花火を買った。

小さな縁側に出て、石段に座り、バケツに水を入れて、線香花火に火をつける。小さくてまんまるできれいな火の球から、ぱちぱちとかわいらしい火花が散る。

永遠に見ていられるけど、やがてそれは終わってしまう。終わるのが悲しくて、また次の花火に火をつける。

これが最後の花火になるのかなあ。

なんてことを思いながら花火玉を見ていると、突然強烈な便意に襲われた。お腹が半端じゃなく痛い。

「ちょっと、トイレに行ってくるよ」

平静を装い、立ち上がる。

立ち上がると、思ったよりやばくて、振り返って全力で部屋の中に飛び込んだそのとき、バン！と、凄まじい衝撃に跳ね返された。

一瞬何が起きたのかわからなかった。今この瞬間に世界が滅びてしまったのかと思った。何かに跳ね返されて、地面に尻もちをつく。

「一体何してるんですか、伊藤さん」

呆れたような感じでタテオが言う。

跳ね返された部屋の入り口を見ると、そこにあったのは網戸だった。

そういえば、虫が入るからと花火をする前にタテオが網戸を閉めていた気がする。世界が滅びたわけでも、超常現象に襲われたわけでもなかった。


安心して、再び部屋に入ろうとするが、網戸がおかしい。開かない。

「あれ……？　ちょっと……」

「どうしたんですか伊藤さん」

「いや、網戸が開かないみたいで」

網戸をよく見ると、僕が突進した衝撃で歪んでいるらしく、レールにめり込んで、うんともすんとも動かない。

「ああ！！！　あああああ！！！」

タテオが叫んだ。

「どうするんですか！　開かない！　壊れた！　伊藤さんが壊した！」

これは申し訳ないことをした。

「ごめんよ」

「何でこんなことができるんですか！　信じられないですよ！」

「ごめん、許してよ。本当に悪かったよ。開いてると思ったんだ。壊したいわけじゃなかったんだ」

「開かない！　どうするんですか。直すお金ないですよ！」

2人で網戸を引いたり押したりしてみるが、全く開かない。気づくと、タテオの手から血が出ていた。

「タテオくん、血が出ているよ。大丈夫？」

「うるさいですよ！　黙っててください！　終わった……家に上げたからだ。伊藤さんのせいだ」

そうこうしているうちにも、便意は激しさを増してくる。だんだん、申し訳なさを便意が超えてきた。

「もう漏れそうなんだ。何とかならないかな」

「開かないんですよ！　黙っててください！　弁償してください！　許せない！　許せない！」

血に塗れた手で怒るタテオ。言っていることは至極真っ当だ。完全無欠120パーセント僕しか悪くない。

しかしお腹は痛い。まるで、少年うんちくんたちが力を合わせて腸の中からお腹をぽこぽこパンチしてきているような感じだった。「早く！　ここから出してよ！」と叫んでいるようだ。じれったい。僕だって早く出してあげたい。腸の壁は崩壊しようとしていた。

その間も、タテオは半泣きで僕に怒り続けている。「家に入れない、ここで寝るしかない」「弁償してください。意味がわからない」と言い続けている。怖い。弁償はするから許してください。

そうしているうちにも、容赦なく時は刻み続ける。2人とも汗びっしょりで熱中症寸前だ。

その極限状態の中で、「網戸が少し壊れて開かなくなっただけで、なぜここまで人生が終わったかのように怒って泣けるのだろう。なぜその横でうんこを我慢しているのだろう」とふと頭によぎってしまい、その状況が面白くなってきて、一度思い出すと止まらなくなる。

笑ったら流石にやばい。それくらいはわかる。顔の筋肉を全力で殺し無表情を保つ。肛門の括約筋を全力で締める。悪いのは僕だけなのだ。笑いとうんこをこらえるのに必死だった。

2人でどれだけ押しても、網戸は開く気配はない。ネバーエンドだ。これはもうだめだ、どうにもならないだろうね。

意識が朦朧としてきた。

今までのうんこを漏らした瞬間のいろんな僕が、脳内のトイレの水たまりに、走馬灯のように、うんこのように、ぷかーっと浮かんできた。

どうして僕はいつも一人なんだろう、と思っていた小学校の帰り道。

急にうんちくんがお腹をノックする。来訪はいつだって突然だ。トイレなんて皆無で、原っぱしかなかった。

くりぃむしちゅーの上田さんみたいに帰り道で野糞する度胸もなく（オールナイトニッ

ポンでたくさん聴いたので）、うんちくんからも学校からも何もかもから逃げたくて、全力ダッシュで家に走った。

そして玄関の扉に手をかけた瞬間、全部出た。

高校の頃、学校に行きたくないと引きこもっていたとき、「学校に行きなさい！」とお母さんが言った。

引きずられて車に乗せられ学校に向かう途中、やっぱりどうしても行きたくなくて、どうやったら行かなくて済むのかと頭をフル回転した結果、お腹のうんちくんに協力してもらって、学校直前で一世一代の力を使ってどん！と漏らした。

臭いで気づいたお母さんは、きぃぃぃぃぃ！と急ブレーキで路肩に車を停め、「いゃあああ！」と、車から転げ飛び出て、回転してそのまま道路の側道の溝にガポッ！とちょうどはまった。

かなりの時間出てこなかったので、熱くて臭くて重いお尻を抱えて溝まで行ったら、溝と一体化し、上向きに真っ直ぐ天を見つめていたお母さんが、阿形《あぎょう》のような顔で口を開けながら、ゆっくりと、黒目だけをこちらに向けた。

その見得切りは市川團十郎を超えていた。僕は吽形《うんぎょう》のように口をきっ！と逆U字に結び、阿形となった母と相対した。

しばらく睨み合った後、阿形と吽形の顔をしたまま母を溝から助け出し、阿形と吽形の顔をしたまま無言で家まで帰った。

帰る車中で、たまに、阿形の母とバックミラー越しに目が合った。僕の方は、吽形であり、本当の意味でもうん形だった。お尻はうん形に盛り上がっていた。車内は、東大寺南大門のような荘厳たる雰囲気に包まれていた。しかしとても臭う。僕はうん形で仁王像だった。

（一連の行動は、決して高校生のすることではない。お母さんごめんなさい）。


「魔人だ。魔人だ。魔人、魔人」

荒波タテオの嗚咽混じりの声でぷっと現実に戻る。「僕は、魔人ではなく仁王だよ」。心の中で返事をする。

お腹の中では、かわいかった少年うんちくんが成長し、ヤングうんちさんになっていた。連載陣もガラリと変わる。うんちさんは、強い大人の力で一撃一撃重い空手チョップを放ってくる。僕のお腹は力道山のブック破りの禁断の猛攻を受ける木村政彦のようになっていた。

もう耐えられない。漏らすしかない。

もしくはうんこレジェンド上田さんのように野糞か。いや、家の庭で野糞は、たとえ君と僕が一生の友達だとしても許されないだろう。

パンツくん、ズボンくん、そしてもしかしたら靴下くんと靴くん、そして庭さん、ごめんなさい。覚悟を決めた。

「漏らすよ……」

と言ったそのとき。

みし、みし、と音がする。横を見ると、荒波タテオが、ピクルの部屋の強化ガラスを押し破った範馬勇次郎のようにゆっくり網戸に突入していた。

ぐぐぐぐぐ。

ミチチチ。

ベリベリ。

ベリィィィィ。

ばん！！！

網戸が外れた。

「開きました！　行ってください！！」

何とか間に合った。

ことを済ませて、部屋に戻ってみると、タテオが、金づちを持って立っていた。なんだか殺気を感じた。

「まさか、それで僕を殺すつもりじゃないよね」

「しませんよ！　一緒に網戸を直しましょう」

トンテンカンテンと網戸を叩いて直して、布団に入る。

全部僕が悪いのだけど、寝しなに冷静になって振り返ってみると、笑いが止まらなくなる。布団をかぶって必死にそれに耐えようとしたが無理だった。

この世の終わりみたいに泣いて怒って、手から血を流し、全力でその原因となった人間を罵倒し責め立て続けながら網戸を押す男と、その原因で諸悪の根源のうんこを全力で我慢する男。

今日の、地球の何らかのランキングで1位になっていたに違いない。宇宙でもいいとこいったんじゃないか。
明日も、百年後も、笑える気がする。
タテオは、笑う僕を見て、「魔人だ」と憤怒していた。
そんな夏休み。

また会えたネ

「これがお笑いライブだ」。舞台袖で僕たちを待っていたその人は言った。僕たちのお笑いライブが始まった。

NSCをやめて、その後所属したソニーもやめて、何をしていいのかわからず、ノルマライブに払うお金もなかった僕たちは、月に一度新ネタ10本という単独ライブ（漫才映像を録りため、それをテレビで流して2人で観る。客も演者もランジャタイ2人）を開催していた。それはそれでとても楽しかった。

その頃唯一の友達だったのが、名古屋からやってきたガロインの2人。

ガロインは、伴と薗田からなるソニーで僕たちと同期の坊主のコンビ。あの頃のまま変わらないガロインで、今もノルマライブに出ている。坊主だった髪を伸ばして白髪交じりになって、見た目は老けたけど、破顔すると笑顔があの頃と全く変わらない伴は、その笑顔が泣きそうになるほど美しい。

伴とは一緒に2人だけのバンドもやったし、2人で幕張のオアシスのライブに行ったなあ。薗田さんは見た目が本当に変わらなくて、持ち家も持っていて、15年間ずっとへらへら変わらない笑顔で、当時よく言っていた「みんないつまで漫才やっとるだ、恥ずかしくないのかあ〜？」の言葉が今は、「ちゃんとガロインで漫才できるようになりたいよ」に変わっていて面白い。なんだか妖怪みたい。みんながおじいちゃんになってもそのままで、今際《いまわ》の際の枕元にへらへらと遊びに来て、「伊藤ももう死ぬのかあ〜」と言ってきそう。

そのガロインの薗田さんが、「国民がたは、何を見とるだ。浜口浜村だ！」と、ブログで画面をぶっ壊す勢いで声高に叫び、名古屋から東京に呼んで、そのまま薗田さんの家に居候していたのが、浜口浜村さんだった。

薗田さんに誘われて、まだマセキに所属する前の浜口浜村さんの漫才を観に行った。僕が初めて観た浜口浜村の漫才は、『浜村くじ』という漫才だった。それはとっても面白くて、とってもとっても嬉しくなった。

薗田さんの家でしゃべった浜村さんは、自信に満ちあふれていて、「今年まずM－1で準決勝に行って知られて、それから来年決勝だな」と言っていた。

ライブに出ていない、M－1の1回戦に名前を変えての再エントリーで3回落ちていた僕たちからしたら、異次元の領域の話だった。

そんな浜村さんが僕たちの単独ライブを観て、「お前らは一体何をしているんだ」と浜さんの自主ライブに誘ってくれた。どんなライブなんだろうと、なんだかわくわくした。


迎えたライブ当日。僕たちは道に迷いに迷った。地図を見てどれだけ歩いても会場にたどり着けない。どうしようもない2人だった。お金もないのにタクシーに乗り、住所を伝えて運転手さんに委ねた。2人で財布の小銭をかき集めて運転手さんにお金を払い、出番ぎりぎりで会場にたどり着いた。

出番前、浜口さんが、「すべるぞぉー?? すべるすべる……!」と、入口から舞台に向かう僕たちに、手のひらをかざしながら謎の呪詛を浴びせかけていた。

訳もわからぬまま、いつもの部屋からキラキラと輝く舞台へと飛び出した僕たちは、いつもの部屋みたいに楽しく漫才をやり終えた。

初めて、100人ほどの満員のお客さんの前で漫才をやった。

初めて、爆笑を全身で浴びた。

なんだったんだ今のは。そう思いながら、光から暗闇にはけると、暗がりで浜村さんが仁王立ちで待っていて言った。

「これが、お笑いライブだ」

雷が落ちたような衝撃を受けた。


その後ろで、浜口さんがケラケラと笑っていた。

部屋で2人ぼっちで楽しんでいた僕らとお笑いライブを、がっしゃんとつないでくれた。

それから、僕たちはいろいろなライブに出るようになった。浜口浜村さんのあのライブのおかげで、お客さんも「あのときの子たちだ」と少し温かい目で見てくれているような気がした。


たまに、浜口浜村さんと一緒になった。その度に、いつもとってもとっても嬉しかった。

ライブシーンでは、浜口浜村は圧倒的で、いつも優勝していたようなイメージだった。ランジャタイとガロインはほとんどドベ2ばっかり！　僕は僕でばりばりに尖りながらも、いつかこの人たちみたいに優勝でいつも名前を呼ばれるような芸人になりたいなあ、と思った。

２０１５年のＭ－１グランプリ。浜口浜村は２回戦で落ちた。『ビビり』という漫才だった。しっかりとウケて、それでも落ちたらしかった。「もう限界だ」。浜村さんは見るからに疲弊していて、かつて「それからＭ－１決勝だな」と言っていた自信に満ちあふれた浜村さんはもうそこにいなかった。

ランジャタイも２回戦で落ちていた。「だから一緒ですよ、大丈夫ですよ」と言ったけれど、「ランジャタイはこれからの人たちだから。俺たちは背水の陣で挑んで、２０１０年の３回戦を越えられなかった。もうだめだ」と言っていた。僕では止められないんだ、と思った。

浜口さんはどうなのだろうと、薗田さんと一緒に浜口さんとご飯を食べた。「浜村は、出会ったときからずっと、俺のスーパースターなんだよ」と、普段なら照れ臭くて絶対言わない本音みたいなことを言う浜口さん。ああ、もう解散は止まらないのかなと思った。

スーパースターと出会えたなら、どんなことがあっても離れずにずっと一緒にいればいいのに、と思った。でも僕にはわからないいろんなことがあったのだろうなあと思った。そんな２人に、とっても悲しかった。

浜口浜村は、解散した。

浜口浜村の解散ライブをランジャタイ2人で観に行った。

浜口浜村最後の漫才となった『牛』の漫才は、それはもうとんでもなくて、魂の叫びで、僕はなんでこの人たちはやめちゃうのかなあと思った。

その後、浜村さんはピン芸人になって、浜村孝政から浜村凡平になった。今はさらに変わって浜村凡平太。いつもいろんな面白いことをしていた。ライブが一緒になるのがとっても嬉しかった。

浜村さんは漫談のとき、舞台から見て、いつもマイクの真ん中より少し右側に立っていた（僕の気のせいかもしれません）。浜口さんの場所を空けているんじゃないかと思った。僕にだけかもしれないけど、横に浜口さんが見えて、浜村さんがおかしなことを言うたびに浜口さんがツッコんでいた。

最後に挨拶するときは、明らかに右側に寄って、横の浜口さんの場所を空けていた（僕の全くの気のせいかもしれません）。僕には浜口さんが見えてしょうがない。漫談も、それは浜口浜村の漫才だった。浜村さんは、浜村孝政から浜村凡平太になっても、結局ずーっと漫才師なのだ。薗田さんに、「浜村さん、浜口さんの場所空けてるよね？」ということを言ったら、「ほんと〜？　気づかんかったけど、浜村さんならそういうことしそうだな〜」と能天気なことを言っていた。

一度薗田さんと、まだ東京にいた浜口さんに会いに行った。お正月の漫才番組を観ながら、浜村さんがこんなことしてました、あんなことしてましたと伝えたら、笑いながら「頭おかしいがな！」と言っていた。とても楽しい時間だった。コートをもらって、とても嬉しかった。薗田さんと一緒に電車で帰ろうとしたら、「僕は自転車じゃんねえ〜」と、自転車では考えられない異常な距離を、へらへらと自転車で帰っていった。

それから、それはそれはたくさんのことがあった。

浜口浜村解散から6年後、ランジャタイはM－1決勝進出を決めた。

決勝進出決定から2日後の2021年12月4日。浜村さんから「決勝のお祝いしたいんだけど、飲まないかな」と誘ってもらった。

すぐに高円寺の公園に集まった。浜口浜村とランジャタイをつなげてくれた薗田さんも呼んで、まずは浜村さんと2人きりで話した。

配信で準決勝を観てくれた浜村さんは、「良かったなあ。すごいよ。最初に見たときからずっと面白かったけどなあ。変わってないけどなあ。ほんとに良かったなあ」「何やってんだよこいつら、のまんま決勝にいったなあ。あのままであんなウケるんだから、すごいよ」「かっこいいよ」「敗者復活でクソすべった後に、決勝でお会いしましょうって言ってたもんな。何言ってんだこいつって、めちゃ笑ったよ。頭おかしいよ。天下取るって言い続けてたもんな。伊藤は嘘をつき続けて、嘘をほんとにしたんだよ」「ちゃんくにはスターだからな」「ずっと泣きそうだよ。気を抜くと泣いちゃうよ」と言ってくれた。

僕もずっと泣きそうだった。

僕は意を決して、「浜口浜村とランジャタイでツーマンライブやりませんか」と誘った。いつか浜口浜村とランジャタイでツーマンライブをやりたいと思っていた。浜口浜村とのツーマンライブに見合う芸人になろうと思っていたけど、それが叶う前に浜口浜村はいなくなってしまった。今なら浜口浜村復活ライブをできるんじゃないかと思った。

（一度僕のわがままで２０１８年のＭ－１グランプリに出てもらった。浜口浜村さんの名古屋での１回戦予選のその日に、なぜか名古屋に異常な大きさの台風が到来し、お客さんが誰も会場にたどり着けず無観客で漫才をした結果、記念すべき大復活のはずが１回戦で落ちてしまった。およそ信じられないことが起きた。その直後、東京の居酒屋で１回戦落ちの経緯の超おもしろ漫談を浜村さんに聞かせてもらった。めちゃくちゃ面白かった。超贅沢。本当は2回戦の東京予選で同じ希望日を出して同じ日に出られたらいいなーなんて思っていたのだけども。そのことはブラックホールの中に記憶を放り投げていただいて）。

浜村さんは、「やりたいよ！」と言ってくれた。

浜口さんさえ良ければだけど、「M－1ファイナリストトランジャタイとのツーマンライブなら、1回限りなら浜口さんもやってくれるだろ！　優勝したらもう再結成だ！」と嬉しそうに言ってくれた。遅れて薗田さんが自転車でやってきた。「良かったじゃんね〜」とへらへらと笑っていた。

M－1決勝が終わり、優勝はできず最下位に終わって（ひえぇ！）、しばらく時間が経った頃。営業先での休憩時間、だだっ広い原っぱを見つけて、そこに一人で本を持ち込んで、木の下で寝転んでいた。

ふと横を見ると大きい川があったので、これはいいと川べりを歩いていたら足を踏み外して川にはまって靴がびしゃびしゃになった。歩くとタプタプと音がする。切ない。木の下に戻り靴を脱ぐ。絞った靴下と真っ赤な靴を木の枝に引っ掛ける。一際大きな風が吹いて、頭上の靴がゆらゆらと揺れている。

そこで、「今だ！」と思って、ドキドキしながら浜口さんに、「ツーマンライブがしたいです」とメールで誘ったら、やんわりと断られてしまった。

しまった！　一世一代のお誘いがだめだった！と思ったけど、諦めたくないともう一度お誘いのメールを送ったら、「土日ならいいよー」と返信が来た。嬉しくてたまらなかった。

浜村さんにすぐ伝えたら、「まじかいな！！！　すごー！」と返信が来た。嬉しくてたまらなかった。

2022年8月21日、東京公演、浜口浜村が復活した。

ライブ直前、出番前に国崎くんが、浜口さんに向かって、「浜浜さん、すべりそうですね。すべりますよ。絶対にすべる。僕の勘はあたるんですよ」と言っていた。

僕は、あの最初に浜口さんに言われたあの言葉をそのまま返しているんだな、粋なことをするなあと、うなずきながらじんわりと胸が熱くなっていた。

そして始まったツーマンライブ、その1本目、すべったのは浜口浜村ではなくランジャタイだった。

「これがお笑いライブだ」と教えてくれた浜口浜村さんに、今度は僕らが「これがお笑いライブです」と言いたい漫才だった。そんな恩返し漫才が、信じられないくらいすべった。呪詛返しだ。すべりの呪いが失敗して、行き場を失った呪いが術者の元に返ってきたのだ。

恐ろしいほどのすべりの中、浜口浜村さんが優勝しまくっていたあの頃の、ランジャタイがガロインと一緒にいつもドベ2ですべり続けていた日々の中に戻ったような気がして、懐かしい不思議な感覚になった。

　しかしそんなことに浸っているわけにもいかず、あまりのすべりように僕が「こんなにすべってるのは久しぶりだよ。久しく味わっていないすべりだ！　こんなすべり方は前代未聞だ！」と言って笑いをいただいたら、国崎くんが、

「小手先で笑いを取るな！」

「小手先の技術なんかいらない！」

「あの日々を思い出せ！」

「変わっちまったな！」

　と、謎のゾーンに入り大暴れしだした。

　確かにあの頃の僕は、そんな外に出たツッコミで目の前の笑いをいただくようなことはしなかった。

　変わっちまったのかな？と自問自答する。なぜだか『キッズ・リターン』のラストシーンが脳裏に浮かんだ。キタノブルー。

　国崎くんを後ろに二人乗り、学校の校庭を自転車でゆっくりと走る。

「おーい馬鹿、勉強してるかあ！」

「くにちゃん、俺たちもう終わっちゃったのかな」

「バカヤロー！　まだ始まっちゃいねえよ」

一瞬で現実に戻る。誰も笑っていない。

違う！　小手先がどうとか技術とかそんないいもんじゃない。そんなこととは関係なく、ただあまりにもすべりすぎているだけだ。だから思ったことを言っただけだ。危うく騙されるところだった。

満員のお客さんということを加味したら、ランジャタイ史上一番すべっていたかもしれない。お客さんがたくさんいて、その中ですべりまくり、誰も笑っていない空間が僕はとても好きだ。しかし、それを超越するくらいすべっていた。

最後まですべりきり袖に戻る。「お願いします」と浜口浜村さんに言う。

「これがお笑いライブだ。て言わないの？」と浜村さんが笑いながら言う。

すべりすぎて、絶対に言うはずだったその言葉が2人とも頭からぶっ飛んでいた。浜口さんはその後ろでケラケラと笑っていた。

浜口浜村が舞台に出る。

浜村さんが7年間空け続けていたマイクの左側に、浜口さんがいた。

その1本目の漫才は、僕が最初に観た『浜村くじ』の漫才で、とっても面白くて、とってもとっても嬉しくなった。

浜口さんは、7年ぶりとはとても思えない、まるで解散したあの日が昨日のことだったんじゃないかくらいにそのままの姿で、間も声量もあの頃のまんま、完璧な漫才をしていた。なんなら浜村さんより声が出ていた。

浜村さんがずっと空けていたマイクの左側で、浜口さんはまるでずっとそこにいたみたいに漫才をしていた。浜口さんの横で、本当に楽しそうに生き生きとボケまくる浜村さんは、どうしようもなく漫才師だった。

9月3日の名古屋公演では、ランジャタイの出番前、浜口さんが、「すべるぞぉー？？すべるすべる……！」とあのときみたいに呪詛を送ってきた。

今度は東京公演みたいにはすべらなかった。危ない。

浜口浜村さんは、M－1グランプリ2015の2回戦の『ビビり』の漫才から始まって、最後はランジャタイでカバーさせてもらったこともある不朽の漫才、『自己紹介』まで観せてくれた。ずーっととっても面白くて、とってもとっても嬉しかった。

夢のツーマンライブが終わった。

そうして2日が経った。

僕といえば、ライブにも出ていなかったあの頃と一緒で、気を抜くと一瞬で部屋はぐちゃぐちゃ。

真っ暗な部屋に一人。

友達はあんまりいない。

まともな人間とはとても言えない。

人生で取り返しのつかない失敗を、たくさんたくさんしてきた。

本当にどうしようもない。

でも、冷凍庫には、東京公演で浜口さんにもらったズッキーニの伊藤幸司がカチコチで眠っていて、部屋の壁には名古屋公演で浜口さんにもらった、浜口浜村とランジャタイの、4人とも大きな羽が生えたファンアートが掛かっていて。

浜村さんが、「すごいよ。解散したコンビを復活させるなんて、ダウンタウンにもできなかったことだよ。すごいことだよ。たいしたもんだよ」と言ってくれて。「幸せだなあ」と何度も言ってくれて。

今まで辛いことがたくさんあったし、これからも辛いことはたくさんあるだろうけど、今これを書いているこの瞬間は確かにとっても幸せだ。

こんな瞬間を見つけるために、僕はこれからも頑張れます！　ありがとうございます。

嬉しい！　幸せ！　わくわくするね！　また会おうネ！

高円寺、怒りの腹パン

「伊藤さんについて行くことはもうできません。これにて、お別れとさせていただきます」

かわぞえとショッピングモールを巡っていたとき、突然スマホにお別れのメールが届いた。

送ってきたのは、荒波タテオだった。

荒波タテオとは、鳥肌実さんという、カリスマ的な人気を誇ったアングラカルト芸人の付き人をしていたという稀有な経歴を持った男である。頭がちりちりとしており、薩摩生まれで挙動が不審な九州男児。付き合っていた彼女に、「においが濃い！」との理由で、ドイツから取り寄せたという特殊な針を舌に刺されそうになったことがある。もう5年ほどの付き合いだった。『こうちゃんライブ』という当時月に一度やっていたトークライブのメンバーでもある。

その文章は果てしなく長く続き、読んでいると、気を失いそうになった。まるで戦国時代の巻物のようだった。

要約してみると、

「伊藤さんは今僕が出ている舞台を、一度も観に来てくれません。したがって、もう一緒にいることはできません。縁を切らせていただきます」

ということだった。

荒波タテオはそのとき、劇団かもめんたるさんの舞台のオーディションを受け、見事、コガネムシ雄二役を射止め、かなりの晴れ舞台を迎えていた。

観に来てほしいと誘われ、もちろん応援したいし見届けたかったのだが、どうしてもスケジュールが合わず、「仕事で行けないや！　ごめん！」とその旨を伝えた。「そうですか、わかりました」と納得してくれていた。はずだった。

それから3日後くらいの、この巻物ＬＩＮＥだった。

怖かったので、一度忘れることにして、ショッピングモールで楽しく遊んだ。かわぞえにこんなＬＩＮＥが来たということを伝えると、非常にドン引きしていた。

「とりあえず一度会おう」

それだけを送って、一日を過ごした。

それから4日後、「わかりました」とだけ返信が来て、場所と日時の連絡をし、会うことになった。

待ち合わせ場所に現れたタテオは、幽鬼のような目をしていて、とても怖かった。口は半開き、その目は、何もないはずの一点を見つめ続け、全身から恐ろしい負のオーラを発していた。

喫茶店に入り、しばらく無言で、ずずずずとコーヒーをすする時間が続く。

このままじゃらちがあかないと、話を聞いてみると、「やっとつかんだ晴れ舞台なのに、伊藤さんが来てくれないということが悲しい。どうしても納得がいかず、ほとんど衝動的にあの文章を書き上げ送ってしまった」ということだった。

「伊藤さんは、おかしいです、ええ。こってりとしてます。恐るべき事態です」と何度も言ってくる。こってりは彼の謎の口癖だ。

僕は内心、「何を言ってるんだ。仕事だと言ってるじゃないか。仕事を休んで来いとでもいうのか。怖い。こいつはやばい。理不尽すぎる」と思ったが、そんなことを言ったら崩壊してしまうのでそこは飲み込んで、

「本当は行きたかったけど、どうしても仕事で、ごめんね。お互い悪いところもあったかもしれないけど、どうにか元通りになれないかな」

と何とか元通りになれるように話し合った。そして、

「こってりとしてますが、わかりました。僕もこってりと悪いところがありました。ええ」

と何とか納得をしてもらって和解をすることができた。

ああ、良かった。これでまた変わらぬ日常に戻れる。僕たちは大丈夫だ。

2人にいつもの笑顔が戻り、お店を後にする。

仲直り記念に、居酒屋にでも入って少しお酒を飲もう！となり、小さな諍《いさか》いを酒に流し、お酒に弱い2人ながらもいい感じで酔いが回ってきた。


そろそろお開きかなという頃。ふと、思いつきの提案をしてみた。

「これから役者さんになるならさ、ちょっとさ、俺がいうシチュエーションでさ、演技してみてよ」

「いいですよ。できますよ。当たり前じゃないですか。何でもお題ください」

じゃあね。

「暇すぎてだらだらと過ごし、今日もこのまま一日が終わるのかとふとテレビをつけてみたら、宇宙人が地球で正式に暮らすことになりました！というニュースをやっていて、人

類代表として自分の親父と宇宙人が握手していたときの演技」

　どうかな！

「簡単です。できますよ。当たり前じゃないですか」

　タテオが演技を始めた。演技を固唾をのんで見守る。

　それは信じられない演技だった。

　よくわからない意味不明な動きを無表情で繰り広げ、もはや何をしているのかもわからず。白目をむいて、シェー！と奇声をあげる。空気はぴーんと張り詰めた。

　最終的にテレビを見て一言、「こってりとしてきたぞ」。


　これは酷い。

　僕はちょっとどうしても我慢できず、嘘の賛辞でお茶を濁すことができなかった。

「ちょっと酷いよ。とてもじゃないけど見てられないよ」

　言ってしまった。

　タテオの目つきが鋭くなる。

「何ですか伊藤さん。恐ろしい。もみあげばかり生やして何がわかるんですか。じゃあ伊藤さんも今のでやってみてください！」

「わかったよ。やるよ」

想像したままに演技をしてみる。

思いのほかできた。自分が考えたシチュエーションなので当たり前なのだが。

タテオも、これは、自分よりはできているぞ、と思ったらしく目が虚になって焦点が合っておらず、口は半開きで、今にも爆発しそうだった。

しかし、僕はそのとき、急なメールで縁を切られたもやもやが、塞いだはずの傷口から湧いてきて、そのままどうにも止まることができなかった。

「俺の方ができてるじゃん。どうするの。そんなんじゃこの先やってけないよ。俺は演技なんてやったことないんだよ？　それでも今のタテオの演技よりは良かったと思うよ。松田優作だったら、今のでもとんでもない演技してたと思うよ」

なぜか伝説の俳優さんを引き合いに出し、これは言いすぎているなと思ったが、どうにも止めることができなかった。

そのとき。

タテオが動いた。

ズム。

衝撃が僕の身体を襲う。

これは、腹パンだ。

「何ですか伊藤さん！　あまり調子に乗らないでください。俺だって生きてるんですよ！」

タテオが言う。

もうだめだ。少し言いすぎた部分もあったが止まらなかった。

「これはないよ。腹パンはない。もういい。これで最後です。お望み通りさよならしよう」

「ええ。もういいです。あまり調子に乗らないでください！」

腹パンの衝撃に混乱し、どうしようもない方に転がる状況を止めることはできなかった。

「俺はもう知らないけど、頑張ってくれ」

僕は最後の捨てゼリフを吐いて、さよなら、と手をあげてその場から去った。


それから3か月後。

スマホが鳴る。ＬＩＮＥが届いていた。

送ってきたのは荒波タテオ。

開いてみると、信じられない文章が綴られていた。

「この度、わたくしは死ぬことになりました」

黄金を抱いて跳べ

「こうちゃんライブ」と題されたグループＬＩＮＥに衝撃的なＬＩＮＥが送られてきた。

２０１９年７月２日、穏やかな夏の陽気にあてられて、今日の夜何食べよ、へへへ、と脳を蕩《とろ》けさせながらのんびりと布団の中で過ごしていた昼下がり、一瞬何が起きたのかわからず、とりあえずがばっと布団を出る。

『こうちゃんライブ』とは、僕が当時仲の良い友達と定期的にやっていたトークライブである。

その送り主は荒波タテオ。

「この度、わたくしは死ぬことになりました」

これは、只事ではない。

その先に続く文面を凝視する。

「やらかしました。
終わってしまいました。
窓バイトでビルから落下しました。
死にます。
それか故郷で過ごすことになりそうです。
みんなとてつもなくありがとうございました。
病院にいるみたいです。　荒波」

なんだこれは。僕の方にも個別でメッセージが来ていた。
「お久しぶりです。
僕は死ぬみたいです。
窓バイトでビルから落下しました。
今までいろいろ生意気ですみませんでした。
運良く故郷で寝たきりか死ぬかです。
とにかく伊藤さんいつもありがとうございました。
感謝してます。

それでは。

病院にいるみたいです。　タテオ」

ほぼ同じ文章だった。これは、とにかく危ない状態らしい。

「大丈夫？　すぐ病院行くよ」

急ぎそれだけ送ると、

「ありがとうございます」

と、病院の住所が送られてきた。


行かなければ。

3か月絶縁状態だが、今はそんなことどうでも良かった。「こうちゃんライブ」のメンバーに一人ずつ連絡する。


かわぞえ、「すみません、夜ライブで」

タケイユウスケ、「夜からバイトなんすよ。すみません」

マスオチョップ・西園、「バイトや」

ガロイン・薗田、「行くよ〜」


薗田さん以外みんなに断られた。

こんなことがあっていいのか。しかもみんな予定は夜からで、今は空いているのに。夜まで何時間もあるのに。腑に落ちない。

タケイはなぜか洗濯をした後にいつも「sentaku!」とツイッターに呟くのだが、僕との電話を切った直後、「sentaku!」と呟いていて、思わず「ひっ」と喉から声が漏れ、スマホを落としてしまった。お見舞いより洗濯、ということなのだろうか。

落としたスマホが鳴った。見てみると、薗田さんからメールが届いていた。

「場所見たら、自転車だとちょっと遠いから今日はやめとくじゃんね〜」

彼らは、何かがおかしい。

僕は、一人でお見舞いに行くことにした。

せっかくなら、何かお見舞い品がないか家の中を物色する。何個かの物をカバンに入れて、急ぎめに部屋を出た。

電車を乗り継いで病院に着く。

病院っていうのは、あまり来たくないものだなぁ。いろんな思い出が脳裏を掠めた。

受付で病室の場所を聞き、急ぎ足で病室にたどり着いた。

病室のドアを開けると、いくつかの管につながれ、両足に包帯を巻いてベッドに横たわる荒波タテオがそこにいた。


「いとぅさん……」

カエルが鳴いてるような掠れ声だ。

「生きてて良かったね」

と声を掛けると、

「良かったです」

と小さく呟いた。

よく話を聞いてみると、思っていたほどやばい状況ではなさそうだった（全身ギプスでガチガチみたいなことを想像していたので）。

ただ、腰の骨が結構なことになっていたので、その手術を明日するとのことだった。命に別状はなく、後遺症も大丈夫だろうということだった。

本当にやばい状態だと思っていたので、急速に安心して気が緩んだ。

タテオが口を開く。

「いろいろとすみません。3か月前のこと、謝らせてください。余裕がなくて、おかしくなってました」

「そんなことは大丈夫、とにかく、無事で良かった」

と、漫画や映画のセリフみたいな言葉が次々と口から出てくる。タテオが思ったより大丈夫そうだということも相まって、〝真っ先に駆けつけた俺カッコいい〟と、状況を俯瞰で見ているよからぬ自分がひっそりと脳に誕生した。

タテオは涙腺が壊れているのかどうなのか、泣いているわけでもなく、ずーっと目尻からわずかな涙を流し、それがこめかみと耳を伝って枕を濡らしている。

そしてなぜか両人差し指を、顎の下でずっと天に掲げていた。

僕にはなんだかそれがジュリーの真似をしているように見えて、「ジュリーのものまねしてるの?」という言葉が喉仏を越えて喉ちんこをぐんぐん押し出そうとしていたが、喉ちんこにぐっと力を入れてなんとか跳ね返した。「ジュリーのものまねしてるの?」という言葉は、体内に真っ逆さまに落下していった。今日のタテオのように。

この3か月に起きたことをあれやこれや話していると、腕を動かした拍子に点滴の管が地面に落ちた。

それを見たタテオが、「いいゃあああああぁ〜!」と大きな口を開けて叫んだので、「管だよ」と教えてあげた。

落ちたことが、かなりのトラウマになっているらしい。

ナースさんが来て、あれやこれや質問されている。そのとき、ナースさんがペンを落とした。「ひぃぃぃぃいいいいい〜!」。またしてもでっかい口をかっぴらいてタテオが叫ぶ。僕は、「ペンだよ」と教えてあげた。一瞬、手に持ったスマホを落としてみようかと思ったが、流石にやめておいた。


カバンを開けて、持ってきたお見舞い品を出すことにした。

まずは、紙粘土で作った、ネコ娘、砂かけばばあ、子泣きじじい、ぬりかべ、一反もめんの、5名の鬼太郎ファミリーをカバンから出す。

「これ、あげるよ」

いつもなら、「なんですかこれは、いらないですよ」と一蹴されるところであろうが、

今日ばかりは僕のことが、颯爽と駆けつけてくれた雄々しいヒーローと感じているであろうタテオは、

「ありがとうございます、なんて素敵なんですか」

と感動している。きっと、古代ギリシャの征服王イスカンダルのように熾烈な漢に見えているに違いない。今の僕ならゴルディアスの結び目もズバリと一刀両断できるだろう。

続いて、『はじめの一歩』の、鷹村対ブライアン・ホークの部分の巻、42・43・44巻をカバンから取り出した。

「『はじめの一歩』の、俺が一番好きなところを持ってきたよ。これを読んで、いつでも戻ってこれるように気持ちを高めといてね」

「ああ、ありがとうございます。早く、戻りたいです」

僕のことを、この世の全てが理解《わか》る偉大な天才のように感じているタテオは、僕を憧憬《しょうけい》と嫉妬の入り混じったような眼差しで見つめている。きっと、テスラコイルから放射される激しい稲妻をバックに悠然と読書をするニコラ・テスラのように至尊に見えているに違いない。今なら、僕の手によって、ニコラ・テスラが完成できなかった、世界システムを完成させることができるだろう。

最後に、カバンから、髙村薫の小説『黄金を抱いて翔べ』を取り出した。

「どうせ跳ぶなら、黄金を抱いてからにするんだ。まだ何も手にしてないじゃないか」

「その通りです。俺はまだ何も手にしてない。死にたくない」

まるで、その手に、天上から燃え盛る炎を授かったかのように希望を得たタテオ。目からは相変わらず涙がこぼれ続けている。きっと僕のことが、人類に初めて火を与えた、ギリシャ神話の神プロメテウスのように見えているに違いない。

僕の慈愛から人類の歴史は始まるのだ。人間をどこまでも愛そう。

「頑張ろう。ここを乗り切れば、未来は僕らの手の中にある」

と、ザ・ブルーハーツのマーシーをパクったが、心酔状態にあるタテオは気づいていない。

「ありがとうございます、ありがとうございます」

「じゃあね。また来るよ」

「伊藤さん、一生あなたについて行きます……」（これは言ってなかったかもしれない）

そうして僕は全身に眩い覇王の光をまといながら病院を後にした。

その後、国崎くんを連れてお見舞いに行ったときに、国崎くんがタテオの車椅子を猛スピードで押しまくり（誰もいないところでね）、エレベーターの角にタテオの小指をぶつけ、小指が腫れて少し退院が延びたのだが、それはまた別のお話。

タテオは今はすっかり全快して元気になった。

たまに、疲れが溜まると、「腰が痛い腰が痛い」と言っているが、その痛みくらいは人生のお供として愛してあげてほしい。

良かった良かった。

おしまい。

かちゃかちゃと、薄暗い室内にコントローラーの音が響く。

すえたほこりの匂いが鼻につく。カーテンの隙間から差す赤い光がとてもきれいだ。シャッ！とカーテンを開けて、からからと窓を開けると、野焼きの良い匂いが香る（当時はまだ野焼き禁止の法律もなく大丈夫でした！）。

窓から思いっきり顔を出して、深呼吸して、外の匂いを思いっきり吸い込む。

僕は、夕焼けの中で嗅ぐ、田舎の野焼きの匂いが好きだった。

身体の中に黄昏がいっぱいになる。

満足して、本が高く積まれて四方八方囲まれた部屋の中心部に戻る。赤色とともに部屋に溶け込んでくる、自然の匂いと野焼きの匂いとほこりの匂いが混ざり合って、なんだか不思議な感覚がする。

「あっ！」

ぼかんぼかんぼかん！　僕のロボットが大破した。

「まだまだですね」

また負けた。

よしひとくんはゲームが強い。

セガサターンで、『電脳戦機バーチャロン』（バーチャロンは、セガの3Dロボット対戦ゲーム。当時はめちゃくちゃ革新的だった）をしていた。

ここは、僕のおじいちゃんのゴミ屋敷だ（僕のおじいちゃんは、おうちがぼろくなったので新しく建て直すとなったときに、「わしはここに残る」と言い出し、そのままその家をゴミ屋敷にしてしまった。ありとあらゆるものがあって、おじいちゃんが仕事でいない時間はいつもそこにいた。宝探しみたいでわくわくした）。


よしひとくんとは家がとっても近くて、ゴミ屋敷からも、そのとき僕が住んでいた家からも300メートルくらいしか離れてなくて、小学校が終わると毎日一緒に帰り、毎日高い高い坂の上にあるおじいちゃんのゴミ屋敷に集まった。

「そろそろ帰ろっか」

僕たちは真面目なので、外が暗くなったらお開き。

坂の上から、自転車に乗って坂を滑走する。街灯なんてひとつもない坂道を、ノーブレーキで切り裂く自転車。真っ暗闇に真っ逆さまに落ちていく。

「わー！」と叫ぶその時間は、人類有志以来どの瞬間に当てはめても、絶対に無敵だった。確実にそうだ！）。

2人とも（僕だけかな？）、何となくだけど周りから、同じ人間扱いされていないというか、対等ではなく、低い目線で見られていたような気がした（いや、気がしたではなく

でも2人で遊んでいるときはとっても楽しかった。

よしひとくんは、身長は僕より少し低く、上唇がとんがっていて、水木しげる先生の漫画に出てくるモブキャラに似ていた。

彼の左手には悪魔が宿っているらしく、その悪魔のことを主と呼んでいた。何か困ったことがあると、その主が導いてくれる。よく独り言を言っては頷いて怪しい笑みを浮かべていた。僕から見ると独り言だけど、それは主との会話らしかった。主としゃべるときは、いつもその口に人差し指と中指を当てながらしゃべるのが印象的だ。

よしひとくんはある意味で早熟で、ありとあらゆるオタクカルチャーを僕に教えてくれ

た。

小学5年生の頃、よしひとくんの家に遊びに行ったときに、初代『ポケットモンスター』を見せてもらったときの衝撃は凄まじかった。

その衝撃おさまらぬまま、トイレに行こうとして、よしひとくんの家の引き戸を開けたらそこにアシナガバチがいて手を刺され、泣きながら家に帰ったら誰もおらず、畑仕事をしているおばあちゃんに助けてもらおうと山に入ったら、竹藪を薙ぎ倒す熊に出会い、気づかれないように命からがら逃げたことは、目を閉じればまるで1秒前のことのように思い出される。

思い出がたくさんだ。

かつて圧倒的な勢いを持って革新的なゲームを量産していたセガ。そのセガのゲームの全てをよしひとくんから教わった。

彼は小学生にして、セガを絶対とするセガ原理主義者だった。

セガから発売されたセガサターンもドリームキャストも、よしひとくんに借りてやり尽くした。

セガサターンでは、『サクラ大戦』、『ソニック』、『カルドセプト』、『グランディア』（僕が後に飼ったねずみの、ジャスティンという名前はグランディアの主人公からつけました）。そして『街』（僕が下手したら全部で一番好きかもくらいに好きな、実写ノベルゲーム。丸かっこ（）を多用するのは、このゲームのＴＩＰというシステムの影響が強いです。ＴＩＰは、文章の中で、説明が必要な単語が出てくると、オリジナリティあふれる補足説明で、ガンガン解説してくれるシステム）。

中学生のときに出たドリームキャストでは、『シェンムー』（セガが70億円かけた大作ゲームで、盛大にコケたけど、その全てが『龍が如く』の原型）とか、『es』（三上博史さん主演の実写サイコホラーアドベンチャー。さまぁ〜ずの三村さんとか、伊集院光さんも出てました）とか、『風来のシレン外伝』とか、ドリームキャストの壮大な最後っ屁『セガガガ』（プレーヤーが、窮地に追い込まれていたセガの経営を任された主人公となって、ゲーム業界を制圧するという経営シミュレーションゲーム。さよなら、ありがとうドリームキャスト）とか。

よしひとくんは頑なに、ソニーの大ヒット、プレイステーションを買わなかった。任天堂のスーパーファミコンは持っていたけど、ソニーのハードはセガの大敵なんだそうだ（そしてセガのハードはプレイステーションになすすべもなく駆逐されてしまった）。

特撮がとにかく大好きで、グリッドマン、仮面ライダー、ウルトラマン、ウルトラＱ、戦隊ヒーロー、ゴジラの話をよくしてくれた。

自分のことを、グリッドマンになぞらえてか、ヨシッドマンと言っていて、よくヨシッドビームを僕に撃っていた。

オリジナルのボードゲームとかもたくさん作っていて、よく一緒に遊んだ。

今僕がたくさんアニメを観ているのは、きっと『サクラ大戦』の影響が強くあると思うので、よしひとくんは、僕のオタクの先生みたいなものだ。


よしひとくんは、生まれつき心臓に穴が開いていて、あんまり走れない。

体育はいつも見学していたし、寒くなるといつも唇を真っ青にしていた。

生まれたとき、お医者さんに長くは生きられないと言われたらしく、大きく育ったのが、それだけで奇跡なのだそうだ。

胸の真ん中には、身体を右と左に両断するような、めちゃくちゃ太くて大きな手術痕があった。僕はそれをかっこいいと思っていたけど、よしひとくんはその傷痕が嫌いらしかった。

よしひとくんとは、些細なことでよく言い争いをした。

しばらく主張をぶつけあうと、よしひとくんは「ふざけるなよ‼」と言って、田んぼ道をダッシュする。

しかし少ししか走れないので、100メートル先で両膝に手をついて動けなくなる。

そこに僕が合流。

黒いランドセルが上下に揺れている。

ランドセルの揺れがおさまるのを待って、2人でゆっくりと歩き出す。


中学校までは一緒だったけどクラスは別で、ついに高校は別れてしまって、小学生の頃のように毎日会うことはなくなった。それでもたまに集まってはゲームをしていた。よしひとくんは、いつもセガの未来を憂えていた。

その後、僕は東京に行き、よしひとくんは大阪の大学に行った。


それでも、芸人を始めた最初の頃は、遠く離れていても、何かトピックがあると電話で話していた。

「2009年にM－1決勝に行きますよ」

主からの預言らしかった。

しかし、2009年にランジャタイは決勝に行かなかった。1回戦で落ちた。

「なるほど、そういうことですか。面白い。ふふ、そのルートを選んだのですね……主も微笑んでます」

そう言う電話口で、上唇に手をかざして笑うよしひとくんの姿が見えた。

やがて僕も芸人に夢中になって、よしひとくんのいない新しい世界が作られていって、連絡も取らなくなって、10年以上のときが過ぎた。

僕はM－1決勝に行った。

主の預言から、12年後のことだった。

「大暴れでしたね」

と、メールが来て、

「久しぶりに遊ぼーよ！」

と僕は返信をした。

なんの因果か、よしひとくんと僕は最寄りの駅が同じらしくて、待ち合わせて会うことにした。

わかりやすい目印がなかったので、「真っ赤なポストの前にいるよ」とメールをした。

それから3分くらいして、よしひとくんが目の前にやってきた。

よしひとくんは、見た目が驚くほど変わっていなかった。痩せすぎだったあの頃より、少しだけふっくらしている気がした。

「どこ行く？」

と、あの頃の延長みたいに、自然に言葉が出た。

適当な居酒屋に入る。

注文して、お酒を待つ。

その間にも、お互いの人生話に花が満開。よしひとくんの今が知りたくて、たくさんお話を聞く。


よしひとくんは、毎日朝早く会社に行って、毎日大人をやっているみたいだ。

僕は子どものまま生きているので、ちょっぴり恥ずかしかった。

よしひとくんの勤めている会社の中には、ちょっと疲れちゃった人とか、身体がなかなか治らないとか、世間一般的に言う、少しハンディキャップを抱えている人たちの部署があって、よしひとくんはその部署のチームリーダーを任されているらしい。

その人たちは、それぞれなんらかの特殊技能があって、すごい記憶力があったり、すごいプログラミングを組んだりしているらしい。

そのメンバーのリーダーって、なんだかかっこいい。

チームの中では、誰かが急に泣き出したり怒り出したり、たくさんの揉めごとがあって、それを一手に引き受けて、相談に乗りながら取りまとめているらしい。あるときは、部下であるメンバーの方がリーダーであるよしひとくんより給料が高いのを知って、衝撃を受けて納得できないと泣き出したメンバーを、「まあまあしょうがない」となだめたりしたのだそうだ。

碇ゲンドウのように、口元に両手をかざしながら、厳かに日々の苦労を語るよしひとくん。

主が宿るその左手には、長年の入院の点滴でできた傷痕が残っていた。

セガのゲームはもうあんまりやってないらしい。

「だって、セガのハードがなくなっちゃったじゃないですか。もうゲームをする気になれません」

セガサターンもドリームキャストももうすっかりなくなっていた。それでゲーム自体やめてしまうなんて、なんていさぎよいのだろう。

注文したハイボールと焼き鳥がやってきた。ぐびっと口に含んで喉に流す。

焼き鳥を食べる。


「主は最近何か言ってる？」

「存在は感じますけど、声は聞こえなくなりました」

就職をした4年前くらいから、主の声は聞こえなくなったらしい。

それでもどうしても困った選択肢に出会うときは、感覚で「こっちだ！」と伝えてくれるそうだ。

特撮も忙しくてほとんど観なくなってしまったけど、『シン・ゴジラ』や『シン・ウルトラマン』は特撮ファンとしては観ないとしょうがないと、やれやれといった感じで観たそうだ。シン・ゴジラはあんまりだったけど、シン・ウルトラマンは素晴らしかったらしい。そして、『シン・仮面ライダー』の予告を観て、そこはかとない不安があるらしく、専門的な用語でその不安点をばーっと語られたけど、僕にはさっぱりわからなかった。

２０１８年に作られたグリッドマンのアニメは、「及第点でした」と言うその表情から読み解くと納得の出来で、今度映画になることを喜んでいた。

「彼女はいるの？」

と聞いてみると、

「どうでしょう」

と、ふふふと口を押さえて笑い出す。

「教えてよ！」としつこく食い下がると、「しょうがないですね」と教えてくれた。

よしひとくんはまだ彼女がいたことがなくて、えっちなお店にも一度も行ったことがないらしい。胸の傷痕を見せたときの、その反応が怖いのだそうだ。

「いつかの幸せのための充電中です」

と、手をしゃかしゃか動かし、空間にグラフを作りながら説明してくれた。

この十数年で彼女もできて、別れることにはなってしまったけど結婚したいと思う人にも出会えて、えっちなお店にもたくさん行った僕は、電気を蓄えるよしひとくんがとても眩しく光って見えた（別にどっちが正しいとかないけども）。


「少し太ったね」

と聞くと、嬉しそうに語り出す。

30歳のときに、身体のメンテナンスの大きな手術をして大成功して、それから40歳までの10年間は無敵の時間なのだそうだ。

その10年で、生まれて初めて「太る」ということを体験したのだと。

太れるということが嬉しくてたまらないらしい。

ちょっと食べたらすぐ太ってしまう僕からしたら、わかるけど解らない。でもよしひとくんが嬉しそうだから嬉しくなって、「良かったね！」と言った。

40歳でまたメンテナンスの手術をして、それが成功したら、今度は55歳まで無敵の時間が続くらしい！

思いきり、好きなだけ太ってほしい！


あっという間にお開きの時間になった。

とても楽しかった。

よしひとくんは毎日大人をやっていて、それはとても偉くて真似できなくて、少し疲れているような気がした。

「またすぐ行こう！」

「ありがとう、また行きましょう」

僕は別れ際のその横顔に少しだけ不安になって、

「よしひとくんは、今もまだヨシッドマンなの？」

と聞いた。


少しだけ沈黙する。

僕たちの間を、会社帰り風の青年が忙しそうに通り抜けて行った。


「当たり前じゃないですか、僕はずっとヨシッドマンです」

そう言って、左手を曲げてこちらに向ける。

「ヨシッドビーーーム！！！」

「うわーー！！！」

その一撃で僕は笑顔が止まらなくなって、そのままあの頃みたいにダッシュで家まで帰った。

まずは55歳まで、絶対生きるぞ〜！！！

第4次スーパーロボット大戦S

牛久大仏に行きたい。

牛久大仏は、全長120メートル、重量4000トンの巨大大仏で、茨城県の牛久市にある大仏様である。120メートルという大きさがあまりピンとこないので、僕が見てきたロボットたちと照らし合わせて考えてみる。

・ガンダムが18メートル
・ダンクーガが34・6メートル
・ウルトラマンが40メートル
・エヴァンゲリオン初号機が40メートル（スーパーロボット大戦Fより。ただ、40メートルから200メートルとはっきりとは決まっていないらしい）
・コン・バトラーVが57メートル
・ビグ・ザムが59・6メートル

・ザンボット3が60メートル
・イデオンが105メートル
・ダイターン3が120メートル
・ガンバスターが240メートル
・ジアースが500メートル
・天元突破グレンラガンが約52・8億光年

天元突破グレンラガンは、とてつもなく大きい。どうやら牛久大仏は、「イデオン以上ガンバスター以下で、ダイターン3と同じ大きさ」らしい。

夢中になってやっていたゲーム、『スーパーロボット大戦』での、数々の激闘が思い起こされた。「必中ひらめき魂加速覚醒努力幸運、必中ひらめき魂加速覚醒努力幸運」（攻撃必中、攻撃を必ず避ける、攻撃力3倍、移動マスが増える、行動回数が1回増える、経験値2倍、獲得資金2倍）。そしてボス戦へ。「奇跡」を覚えているキャラは「奇跡」を使えば全部解決。第4次スーパーロボット大戦のネオグランゾンは強かったなあ。

「牛久大仏＝ダイターン3」ということはわかった。僕は、破嵐万丈が乗っていたダイターン3とは、実際目の当たりにするとどんな迫力なのか知りたくなった。そして日輪の力を借りた必殺のサン・アタックを受けてみたい。

荒波タテオにその旨の連絡をし、「任せてください！　行きましょう！」の声を受けて、レンタカーを借りて昼の12時からドライブに出かけた。

カーナビに目的地を入れる。到着予定時刻は、14時だ。


14時になった。

目の前にそびえる牛久大仏！　ババン！　でかい！　なんてすごいんだ！となっているはずだったのだが、何かがおかしい。

目の前にはビル、ビル、ビル。都会、都会、都会。灰色、灰色、灰色。大仏はどこにも見当たらない。

カーナビの指示通りに進んでいるはずなのに、なんとまだ東京も出ていなかった。

「今、どうなってるの？　なぜまだ東京なの？」

「もう少しで出られます！」

くるくると回り、また同じ道に出て、くるくるくるくる。カーナビの到着予定時刻がどんどん延びている。道を間違えると、すぐにカーナビが新しい道順を上書きする。そうしてまた同じ場所に戻る。

「なんでまだ東京なの？　大丈夫なの？」

「うるさいんですよ！　黙っててください！」

一体何が起きているのかわからなかった。

「このナビ、壊れてますよ！」

カーナビがおかしいのか、タテオがおかしいのか。カーナビに化かされているのか、タテオが馬鹿なのか。タテオは馬鹿ではないはずなので、このカーナビが妖怪なのかもしれない。水木しげる先生がご存命でこの体験をしたら、きっとこの現象のことを妖怪にしただろう。妖怪迷い声といったところだろうか。

早く東京を出たい。

そういえば、レンタカーの駐車場を出るのだけで20分かかっていた。道に出るための細い角のとがった部分に、タテオはあらん限りの悪口を言っていた。それも今は遥か昔に感じる。

タテオが握っているハンドルが、なぜだかタテオの脳みそに見えてきて、ぐにゃぐにゃぐるぐると、一瞬吐きそうになった。

「この先３００メートル先を、右、方向です」

カーナビの発する機械の声が、どろりと粘り気のある重い空気を乗せた車内に響く。

脳みそハンドルをかき回すタテオが叫ぶ。

「頭がおかしくなりそうだ」

それはこちらのセリフだった。

まるで不思議のダンジョンに迷い込んだようだった。リレミトの巻物は一体どこだ。ハンドルが脳みそに見えているので、インパスの巻物であれがハンドルかどうか識別もしなくてはならない。

たまらず窓を全開まで開ける。心地よい風が入り込む。鋭い夏風が顔を叩いた。やっと正気に戻る。

窓全開のまま、這う這うの体でしばらく走り、やっと東京を出た。

「出ましたよ？　これは出てますね？」

タテオが意味のわからない問いをしてくる。とにもかくにもひとまず東京を出た。

現在のドライブ作戦コマンドは、「いのちだいじに」（下道でゆっくりドライブ）だったが、まさかのくるくるパラレル具合に、「ガンガンいこうぜ」（高速道路をかっ飛ばす）に作戦コマンドを変えた。

下道で行こうとしたのが良くなかった。高速道路の入り口にたどり着く。

「行きますよ？　ここですね？　いいですね？」

「いや、俺はもうわからないよ、任せるよ」

「行きますよぉ！！！」

ブオーーン！！！

車が高速道路に飛び込み、速度を上げる。

これであとは牛久大仏まで一直線だ！

「あ……あぁあぁあぁあああ～～～!!」。タテオが声の限りに叫んだ。

「どうしたの!?」

「これは、伊藤さん、逆方向ですよ！　そうですね？」

知らないよ。

高速道路というものは一度入ると簡単には降りられないらしく、今まで下道でコツコツ3時間走ってきた分をまさかの全戻し。

猛スピードで逆走する。牛久大仏が、遠ざかって、行く。

荒波タテオは、虚な目で脳みそを握りしめ、半開きの口で、ほのかな怒りを頰に携え、正面をただ見ていた。そうして、僕たちの車は、再び東京に吸い込まれていった。

出発から6時間。やっとたどり着いた牛久大仏は、見学時間を過ぎており、中に入ることができなかった。

遥か遠くからしか見えなかったが、それでも大きいことだけはわかった。

ダイターン3は、こんなに大きかったのか。

涙が出そうになる。

日はもう沈んでしまって、サン・アタックはできそうにないけど、時間がかかった分、謎の達成感に包まれた。

結果、予定より、3倍の時間と3倍のお金がかかった。達成感もきっと3倍だった。


御岩神社に行きたい。

宇宙飛行士の方が、宇宙から地球を見たときに、日本のある場所に光の柱が立っているのを見たらしく、その場所にあったのが御岩神社らしい。とんでもないパワースポットだ。

奇しくも、牛久大仏と同じ茨城県にあった。僕はまた荒波タテオを誘った。

「今回は大丈夫です！　任せてください！」

バベコンブのかわぞえも、スケジュールが空いていて行けることになった。

車が出発してまず、かわぞえに前回の旅の話をした。

「伊藤さん、盛りすぎですよ！　3倍なんてあるわけないじゃないですか！」となかなか信じてくれなかった。タテオも「伊藤さんは大げさです」とまさかのしらばっくれっぷりだった。こいつは許せない。

前回と同じ轍は踏まぬよう、集中しながらドライブが進む。

高速道路の入り口に差し掛かる。この時点で、一切の遅れはなかった。素晴らしい。人間は成長する生き物なのだ。

「行きますよ？　ここで間違いないですよ？　大丈夫ですね？」

タテオは慎重に確認して、高速道路に入る。高速道路門番のおじさんに１９５０円を払った。

ぐんぐん東京から離れていく。正しい道に入った。

「やりましたよ！　もう大丈夫です！　あとは道なりですから！」

なんて、素晴らしいことなんだ。

銀杏ＢＯＹＺのＣＤをカーステレオのデッキに吸い込ませる。

聴き入りながら、なんて素晴らしいんだと、僕は心の底から思った。

「きっとさ、前回の失敗があったから今こうやって正しい道を走れてるんだよ。人間は失敗して失敗してもう間違わないように学ぶんだね」

安心した僕たちに会話の花が咲く。

僕は、好きなロックスターの話をすることにした。

「元オアシスのノエル・ギャラガーがさ、昔、近所の家に空き巣に入ったらしいんだけど、ビデオデッキと骨董品を盗んだ後、帰りに風呂桶に大便をして帰ったらしいよ」

「ははははは……あ、あぁぁあぁぁあああ〜〜〜！！！！」

タテオが高速道路を出ていた。

え？？　何が起きた。

「間違えました。出てしまいました」

「え……」

二股の道を、間違えたらしい。

まあ、そういうこともあるよね。これでもう「高速道路を間違えて出る」という失敗もした。また高速道路に入り直して前に進むだけだ。

入り口を見つけ、高速道路門番のおじさんに１９５０円を払った。車は再び、御岩神社に向けて走り出した。

もう大丈夫。きっとうまくいく。

「話に集中してしまうから良くないのかもしれない。分岐点が近くなったら、話すのをやめよう。それならきっと大丈夫」

「伊藤さん、流石です。それなら行けます」

大丈夫、今は成長の途中だ。こんなものは失敗のうちにも入らない。ピンチではなく、チャンスだ。

「あと5キロです！　5キロ先に気をつけましょう！」

かわぞえが、きちんと道を見てくれていた。さすが、頼りになる男。

「5キロ先ですね、任せてください、集中します！」

ごくりと生唾をのむ。落ち着け。

そして5キロ後、

「あ、あああぁぁぁあああぁぁぁあああああ～～～～！！！！」

出た。

「すいません、自分が怖いです」

油断した。

5キロ先というのが良くなかった。

人の集中力は5キロももたないものなのだ。

5キロは遠い。5キロは怖い。5キロ走ったら忘れる。

鶏だって、3歩歩いたら忘れるじゃないか。

「すみません！　僕のせいです！　ちゃんと見とけば良かった！」

かわぞえよ、そんなことはない、5キロのせいだよ。5キロの魔力だ。5キロは怖い数字だ。555の陰謀なのだ。

再び1950円を払い高速道路に戻る。

タテオの目が虚だ、危ない。山王戦の赤木みたいな目になっている。

「落ち着こう、まずは道なりに」

タテオを落ち着かせなければ。

そのとき、スピーカーから、『いちごの唄』が流れてきた。

峯田くんの声を乗せて、だいじょばない車が走る。

けど大丈夫。

峯田くんがそう言ってくれている。

ありがとう、峯田くん。僕はあなたに、何度だって救われています。


しばらく道なりに走る。

また、タテオの握るハンドルが大きな脳みそに見えていた。前回はピンク色だったのだが、今回は紫色で、ところどころどす黒くなっている。タテオが力を入れるたびに、ぷしゅぷしゅと何か汁のようなものが噴き出し、とても臭う。

車内がタテオの脳みそに侵食されていく。

「カーナビめ、このカーナビめが遅いんですよ！　クソが！」

だめだ、カーナビにキレだしている。

かわぞえが、後ろの座席から、その光景を呆然と見ていた。僕の話が全くの本当だったことに、ようやく気づいたようだ。僕にたばこを当てたこともあるあのかわぞえがドン引きだ。

タテオの怒りは止まらない。

「お前が！　クソナビ！　この！この！　……あ、あぁぁあああぁぁああああ〜！！！」

出た。

再び1950円を払い、高速道路に入る。

「なんて頭が悪いんだ。ごめんなさい。なんて頭が悪いんだ。ごめんなさい」

タテオはそれだけを繰り返している。

大きな脳みそハンドルは、前が見えなくなってしまうのではというくらいに肥大化し、それをつかむタテオの両手は完全に取り込まれ一体化してしまっていた。

もはや血管までつながってしまっているようだ。脳みそとつながるタテオの腕は、太くて青い血管が、面白いくらいにどくどくと動き、中身を吸い上げられている。

気づくと、さっきまで紺色だったダッシュボードが、腐った肉のような色になっていた。シートも、シートベルトも、全部赤黒い紫色だ。

全体がまるで何かの体内のように、蠢動《しゅんどう》している。肉が、蠢いている。

やけにお尻が柔らかい。シートを触ると、ぬちゃり、と生温かく、嫌な肉の感触がした。

タテオは口を全開きにし、たまにぱくぱくと動かしている。

腐った肉の臭いが充満している。

もうだめだ。耐えられない。吐きそうだ。

思わず窓を開けた。外の空気が一斉に吹き込んでくる。

そのとき、隣の車のボディに反射する僕たちの車が見えた。さっきまで車だったはずのものは、どろどろの、大きな肉の塊になっていた。

肉片を飛び散らせながら、排気口からどろどろと黒緑の液体を垂れ流しながら、腐肉車が走る。

「ははは！　こりゃおもしれーや！　何回１９５０円払うんですか！　伊藤さんが売れたからできるボケだ！　あははははははははははは！」

かわぞえが笑い出した。狂った笑い声が頭に響く。

もうだめだ、早く逃げないと。逃げないと、逃げないと、逃げないと、逃げないと、逃げないと、逃げないと、逃げないと、逃げナイト、逃ゲナイト、逃ゲナイト、ニゲナイト、ニゲナイト、ニゲナイト、ニゲナイト、ニゲナイト、ニゲナイト。

あれ？　何で走っているのだっけ。どこに行こうとしているのだっけ？　このドライブを始めたのは誰だ？　誘ったのは誰だ？　運転しているのは誰だ？　顔を見ても思い出せない。落ち着け、荒波タテオ、いつ出会ったのだっけ。友達だったのだっけ。何をしている人なんだっけ。いや、違う。荒波タテオなんて、いなかったじゃないか。こいつは、友達がいない僕が生み出した妄想だ。後ろで笑っているのは誰だ？　この車を借りたのは誰だ？　ここはどこだ？　僕はなんで生まれたんだ？　ボクはダレダッケ？

「あ……あぁぁぁぁぁあああああぁぁあああぁぁぁあああ〜〜〜〜！！！！！」

また、出た。

その後、パーキングエリアでたっぷりと休み、ゆっくりとドライブを再開した。

みんな、不思議と穏やかな笑みを浮かべていた。

僕は、５人のおじさんに出会い、それぞれのおじさんに１９５０円を払った。

おじさんにお金を払い、高速道路を出て、またおじさんにお金を払う。そしてまた高速道路を出て入り直し、おじさんにお金を払う。高速道路を出て、おじさんにお金を払う。お金を払ったおじさんが、さっきと同じおじさんなのか、違うおじさんなのか、おじさんの中にかぶりおじさんはいたのか、5人のおじさんが、本当は何人のおじさんなのか、僕にはもう何もわからなくなっていた。

わかるのは、ランジャタイで天下を取りたいということだけだ。

御岩神社は素晴らしいところだった。

太陽が神社の境内に降り注ぐその姿は、宇宙から見たら、きっと光の柱が立っていたことだろう。

あのとき見られなかった、ダイターン3のサン・アタックも、幻視、想像するにきっとこんな感じだったことだろう。

心が浄化されていくようだった。

いろいろなことがあったけど、とてもいい旅だった。

まるで僕の人生のような。

帰り道、僕が観たモハメド・アリのドキュメント映画の話を車中でした。

モハメド・アリが、３年会っていなかった元奥さんと会った際、元奥さんがハグしてアリの目を見つめた後、泣きながら奥に引っ込んで出てこなくなってしまったそうだ。後で娘さんがどうしたのか聞くと、アリの目に神が見えて、とてもじゃないけどあの人の前にいられなかったと語ったらしい。

「神ですか、すごい……あ、あぁぁあぁぁああああ〜〜〜！！！！」

タテオはとどめとばかりに高速道路を間違った方向に曲がった。

もう少しで東京というところだったが、道を違えた僕たちは、そのまま埼玉まで行くことになった。そしてまた高速道路に入り直して、おじさんに１９５０円を払った。

かわぞえは後部座席でぐっすりと寝ていた。

くるくる狂ったドライブを再開する。

もう、ハンドルはちゃんとハンドルだった。

「我々も、いつか、目に何かを宿せるようになりましょうね」

そう嘯《うそぶ》く荒波タテオの目に、高速道路門番のおじさんが宿っていた。

僕は、おかしくてとても荒波タテオの前にいられなくなって、窓を全開に開けた。

秋夜の鋭い夜風が僕の顔面を叩いた。

さよならM－1グランプリ

M－1グランプリの15年が終わった。

2022年の準々決勝、我々は楽しくやって、準決勝にも行けずに飛び散った。

M－1さん、なぜなぜどうして、好き好き大好き、助けて戸川純、ねえひどい、とほほ。

存分にウケましたのに。

まだまだ楽しいの、したかったのに。

結果を見て、内心とは裏腹に顔から一切の表情が消える。

僕はすぐタケイと荒波タテオに車を出してもらい、僕のレテパシーズという好きなバンドのライブに向かった。

無言が絶対的権力を持ち支配される車内。

着いたときにはもうほぼライブが終わる時間だった。間に合うだろうか。地下への階段を降り、受付でお金を払って、曲が終わったタイミングでライブハウスのドアを開ける。ざわざわと喧騒。興奮が渦巻いている。独特の空気が毛穴にスッと染み込む。ギリギリ間に合った。


良いバンドは、僕に夢を見せてくれる。

夢の場所まで連れてってくれる。

僕のレテパシーズを最初に観たとき、決勝で漫才をしている自分たちの姿が見えた。

神聖かまってちゃんを観たときも、決勝で漫才をしている自分たちがはっきりと見えた。

銀杏ＢＯＹＺを観たときも、決勝で漫才をしている自分たちがはっきりと見えた。

オアシスのライブを観に行ったときは、一緒に行ったガロインの伴くんが「伊藤、頼む、俺のちんこ触ってくれ」と言ってきたので触ってあげたりして、夢もクソもなかった。

ライブが終わった。僕が聴けたのは最後の１曲だけだった。

夢は全然見られなかった。

そりゃそうだ。

僕のレテパシーズのライブとともに、夢が終わった。

早足で会場を後にする。階段を駆け上った。停めてあった車に乗り込む。早くこの場を去りたい。

会場にいた友達のガロイン薗田さんがあとから追いかけてきたが、今は何もしゃべりたくなかった。「出してくれ」。車が薗田さんから遠ざかっていく。

後で聞いたら、国崎くんもその会場にいたらしく、外国人の方にお酒を奢ってもらって、M－1結果なんてなんのその、大はしゃぎしながらライブをエンジョイしていたらしい。

そのまま家まで直行で送ってもらって、部屋に入ってすぐにベッドに突っ伏した。

そして僕は永遠に泣いた。

人前では泣かないけど、一人のときは異常に泣く。

ダウンタウンが2人で腕を組んで『WOW WAR TONIGHT』を歌っている動画とか、帽子をかぶったとんねるずが『ガラガラヘビがやってくる』を全開で歌っている動画とか、ナインティナインのオールナイトニッポンとか、爆笑問題の『GAHAHAキング』とか、ツービートの漫才とか、タモリさんとたけしさんとさんまさんのビッグ3会談とか、『鶴瓶・上岡パペポTV』の最終回とか、上岡龍太郎さんの一人語りとか、あと上坂すみれがオタクの真似をしている動画とか、たくさん観ながら泣いた。

その後、ワイルドカード（準々決勝の動画の再生回数1位のコンビが、準決勝に復活できるというシステム）が始まったけども、国崎くんがコロナになったということで、ワイルドカードを辞退することになった。

その後すぐ僕もコロナになった。

喉が見たことないくらい真っ赤に腫れていた。真っ赤ないちごドロップみたいだった。節子ちゃんにあげたい。

療養期間中は、『ヴァイオレット・エヴァーガーデン』とか、『君が望む永遠』とか、『コードギアス』とか、『Fate/Zero』とか、『CLANNAD AFTER STORY』とか、『AIR』とか、『あの花』とか、『ダイの大冒険』とかを観たり読んだりプレイしたりして、たくさん泣いた。

銀杏BOYZを聴いた。神聖かまってちゃんを聴いた。ザ・ブルーハーツを聴いた。清志郎を聴いた。オアシスを聴いた。泣いた。

ロックンロールは、まだ全く鳴り止んでいない。とにかく泣いた。


療養で寝ていたある日、僕の脳天に激音が撃ちつけられた。

ズダダダダダダドゴゴゴゴガガガガガガガガガガガガガガガガガガ！！

僕は飛び起きた。

ついにこれは戦争か。そんな時代を生きていたのか。はたまた、壊れた僕の頭を修正すべく工事が着工されたのか。それなら事前にポストに予定を投函してお知らせしてほしかった。


トンテンカンテントンテンカンテン。

小さなブリキの大工さんたちが、僕の頭をノックする。やがてひびの入った頭蓋骨の隙間をガリガリガリと押し広げて、硬膜を破り、くも膜、軟膜、そして脳へと到達する。こんな僕を修理してくれてありがとう。これで明日からまともに生きられます。

トンテンカンテントンテンカンテン。

布団を挟んで、耳に振動を感じる。何やら大人たちの話し声が聞こえてくる。

ギーコギーコ！　ズガガガ！　ドン！　ドン！　ドン！　バリバリバリ！

うるさい！　何のことはない、ただ真下の部屋のリフォームが始まっただけだった。そうして睡眠が奪われた。

身体はしんどく、睡眠もままならず、しかし出るものは出るということでトイレに行く。蓋を閉じて水を流す。また催してトイレに行く。蓋を開けると、あれ、これはなんだ。茶色いものが残っている。流し忘れたかなとレバーをくいっと上にあげる。勢いよく水が出てくる、が、流れない。台風の日の河川敷みたいに、堤防ギリギリまで水位があがり、そのままぴたっと止まった。

トイレがぶっ壊れた。

Amazonでトイレカッポンを検索したが、タイミングなのかなんなのか、どうやっても商品の最短到着は4日後のようだ。しょうがないことだ。

コロナなので、トイレの修理業者の方は呼べない。いろいろ見て、一番効果がありそうな、真空押し出し式ポンプを注文した。

ジョボジョボジョボジョボ。仕方なく、おしっこをペットボトルに溜める。

トイレ以外の場所で、膝をついて、ペットボトルにおしっこする姿をもし俯瞰で見たら、なんて間抜けなことだろう。

大の方は、ビニール袋の上にまたがって風呂場でした。

ぷりぷりガガガガガガぷりぷりガガガぷりぷりガガガガ。

工事音が響く中、ビニール袋目掛けて落下する大。もう、早く来世に行きたい。

それをきつく縛り、なるべく臭いを閉じ込められるようにトイレに持って行き隔離する。

一日経って、新たなうんこさんをトイレに奉納しに行くと、これはどうしたことだ。うんこさんが発酵して、ビニール袋がパンパンに膨らんでいる。まるで風船のようだ。しかし膨らませているそれは、メタンガス。ヘリウムガスの風船とは、膨らんでいるという事象がかろうじて一致しているだけであとは何もかも違う。これでは子どもを笑顔になんてできない。

風船うんこ爆弾に、爪楊枝で穴を開けてプシューと空気を抜く。なんて臭いだ。

戦争も、なんとか、それぞれの国民の風船うんこ爆弾をぶつけ合うくらいの感じにはならないものだろうか。赤紙の代わりにちり紙が召集令状で、ひたすらうんこをしまくる。そして投げる。一番うんこが臭かったやつらの勝ちだ。戦後復興は、みんなでひたすら大掃除。ピカピカにしてわっはっはと仲直り。

ガガガガガ！

いつの間にか寝ていたら、またすぐ工事の音で目が覚めた。

腫れた喉が焼けるように熱い。いちごドロップが破裂でもしたのだろうか。

たまらず布団の横に置いてある、ペットボトルに手を伸ばす。


グビリ。

まずい、臭い、苦い！

これは、おしっこだ。

ブフォア！


僕はおしっこをぶちまけた。味覚がなくなるタイプのコロナじゃなくてよかった。もしそうだったら、僕は嬉々として、グビグビとおしっこを飲み干していただろう。

落ちるとき、僕はどこまでも落ちるのだ。悪い事象が全部引き寄せられて深く深く落ちていく。

もうわけがわからない。どうせ落ちるなら、いっそのことトイレの中に流されて入って行きたい。深ーい深ーい下水の底、ミュータント タートルズのように目のところに鉢巻を巻いて、下水道でピザを食べながら暮らすのだ。

来世はそうしよう。

私は亀になりたい。


体調がようやく良くなってきて、療養期間が明けた朝、やっとトイレの真空押し出し式ポンプが届いた。

自転車のタイヤに空気を入れる要領で、ポンプにシュコシュコと空気を押し込む。こんなちょっとした作業だけでもうふらふらだ。

組み立ててトイレにセットする。

勢いよく圧縮空気発射のボタンを押した。


パン！！！

弾けた。

空から、茶色が降ってきた。

その刹那。映像で何度も観た、Ｍ－１の優勝者発表のあの瞬間が脳裏に浮かんだ。

金ピカのスタジオ。

チャンピオンを祝福する金色の紙吹雪。

トロフィーを抱えて美しい涙を流すチャンピオン。

ああ、ここは狭くて汚いトイレ。

私は、目からクソの涙を流す、生物の欠陥だけをかき集めて固めてできあがったようなクソ人間。

僕は、終《つい》ぞ煌びやかな金色の吹雪を浴びることはなく。生物の根源たる茶色い吹雪を浴びた。

後で説明書をよく見ると、ビニール袋を被せてから圧縮空気発射ボタンを押してくださいとしっかりと書いてあった。

僕の部屋から生物の根源の臭いがようやく消えた2022年12月18日、M－1決勝当日を迎えた。

その日は、『芸人シンパイニュース』の密着が入っていて、ありがたいことにテレビ朝日に行かせていただいて、ファイナリストと同じ入り時間に入った。

ファイナリストだった2021年は入り時間に遅れたくせに、今年は張り切って入り時間より早く来すぎてしまって、まだ芸人シンパイニュースのカメラさんも国崎くんもいないのに、ファイナリストが入ってくるのを入り口で迎え入れる感じになってしまった。

ファイナリスト一人一人に本物の『M－1グランプリ2022アナザーストーリー』のカメラがついていて、これはボーナスタイム、アナザーストーリーにも出られるかもと思い、ファイナリストのふりをしてカメラに話しかけたり、ファイナリストたちに向かって、「みんな、一緒に頑張ろう！」とか言ったりいろいろやってみたけど、アナザーストーリーでは一個も使われていなかった。

その後、国崎くんと合流し、芸人シンパイニュースの方で、M－1決勝に出ようとしてテレビ朝日の入り口に突撃し、突撃するたび警備員に薙ぎ倒される……というくだりを、外が真っ暗になるまで一日中好き放題やった。

そんなラストイヤーです！
Ｍ－１グランプリ、ありがとう！

ぼくの名前は伊藤幸司です

お母さんが亡くなって4年ほど経って、お母さんのことを文章にまとめてみようと思ったことがあった。

頭の中には笑顔も思い出も声も匂いも言葉も甘えも空気も感謝も風景も喜びも愛も勇気も平穏も照れも幸せも日常も美しさも弱さも優しさも救いも温かさもたくさんあった。

しかし、どうしたことか書き始めて5言目くらいで、どうしようもなく涙が止まらなくなってしまい、あーんと子どもみたいに泣いてしまって。家を飛び出して、そのまま12時間以上、一人カラオケをした。

天才と呼ばれている何かは、ある種感情がなくて、何かを作るときには徹底的に入り込みながらそれでいて徹底的に自己を切り離してその全部を俯瞰で見ることができて、極限の熱さと極限の冷たさという矛盾を同時に存在させてしまうメドローアみたいな異常な存在なはずで。神話に出てくる神様のように、常に人間のことを俯瞰で見ていて、そして常に自分のことも俯瞰で見ている。

ときに横暴に振る舞ったりもするし、優しくしたりもする。自分が特別だと理解している。近くにいるものの才能を喰う。そしていくら食べてもお腹いっぱいにはならない。際限なくでかくなる彼ら彼女らはそれでいいのだ。

僕は天才がどうしてもできなくて、どちらか一方の感情の極限までにしかいけなくて、どこまでいっても僕は僕でしかなくて、どれだけ俯瞰で見たところで、俯瞰で見ている僕も同じように悲しくて。どこまで上に俯瞰の層を広げても全部悲しくて。どれだけ下に開けて取り出してみてもマトリョーシカは全部泣き顔で。その中の一人が耐えきれず泣いちゃって呼応してみんなでわんわん泣いて。それを見ていたら耐えきれなくなって、一番外にいる僕も泣いて。

後半は、もはやなんのために歌っているのかわからなかった。


ちょっと泣ける話をするみたいなライブがあって、お母さんのことを話そうとお母さんのことを考えていたら、あろうことか順番待ちの舞台上で泣きそうになって他の人が話している最中に舞台を降りて誰もいない袖で泣き腫らし、国崎くんを呼んで「伊藤は酔っぱらいすぎて無理と伝えてくれ」と言って（お酒を飲みながらやるライブだったので）、街に飛び出してそのまま泣きながら夜の街を練り歩いた。

芸人失格。

まあとにかく、ことあるごとに思い出してはずーっと泣いていた。

そんなときにめちゃくちゃ霊感があるという人に、こちらから聞いたわけでもなく、「あなた悩んでるよね」と言われてみてもらった。

「あなたはお母さんのことばっかり考えてるね。あなたは前世で、地球じゃない別の星に生まれて、そこで星のみんなに嫌われていて石を投げられて逃げてきた。宇宙に飛び出して、そこから宇宙全体を見たときに、とんでもなく優しい人を見つけて、この人のところならうまくやれる、この人と一緒にいたいって、お母さんを選んで地球に来たの。お母さんを幸せにしたいって地球に来たの。大丈夫、お母さん、絶対幸せにできるよ！」

と言われた。

僕は、直感で「ああ、この人の言うことは全部当たっている。とてつもなく本物だ」と思った。そして、最後のところだけ間違えている。お母さんはもう亡くなっている。

僕はこの人生にやはり失敗したのだ。

結婚して孫を連れていくどころか、彼女を連れていくことすらもできなかったし（僕は付き合っても日常会話ができない。できる限りの質問をし尽くして、お互いのことをある程度知った後は、「好き！」と言ってキスしてゲームしてセックスをするしかできない。そうすると、だいたい1か月でフラれるよ！　僕は女性と、日常を過ごすことができない。女性といることは僕にとっていつだって非日常だ）（好きな人と付き合っているときは信じられないくらい幸せだったなあ。ずっと大好きな彼氏彼女がいる人は、ずっとあの異常な幸せの中で生きているとしたらすごい。辛いときも眠れないときもバグりそうなときも、苦しくてうんこを漏らしても、その全部の時間が幸せで。人によってその幸せの源は違うのはわかるけど）（僕が人生で女性と付き合った時間は、全部の力を合わせても2年で。37分の2と考えたら少ない。でも、何年とか何人付き合ったとかじゃないのかもしれない。死ぬほど好きな人が自分のことを好きでいてくれて死ぬまで両想いで離れないって、それはもう奇跡だよ絶対！　好きな人とずーっと一緒にいるみんなとんでもなくすごい。尊い。両想いすごい）。

いじめられっ子でずーっと心配ばかりかけてきたし（3歳のときに、同じ3歳の5人組に囲まれて、「お前は敵だ！」の号令とともに一斉に飛びかかられて以来、ずっとそんなんだよっ！　ふふ。その前日に『超獣戦隊ライブマン』を観たばっかりだったから、戦隊ヒーローの敵の気持ちがわかったよ！）。

学校も「行きたくない」ばっかり言ってたし。

毎日、「嫌だ嫌だ辛い楽しくない楽しくない」ばっかり言ってたし（ほんと楽しくなかった！）。

それでもお母さんは、いつも「大丈夫、大丈夫」って、おそらく悲しさをこらえながら笑顔で言ってくれてたし。

大学に行かせてもらったのに結局お笑い芸人になって、お笑いで売れるところも見せられなかったし。

最期の最期のその瞬間まで心配ばかりかけてきたことだろう。

そして、僕が子どものまんまお母さんは逝ってしまった。お母さんには僕が子どもの姿しか見せられなかった。

もうどうしようもない。

やっちったなあ。親孝行ってやつをしたかったなあ。恩はどれだけやっても返しきれないほどあったのに。

お母さんが亡くなったその年に、急にM－1準決勝に行けた。お母さんがぐんぐん背中を押してくれたのかなあと思った。

亡くなってからもきっと心配かけてるんだろうなあ。

新月の夜、かわぞえとタケイと会った。3人で、広い公園に行った。

タケイが、「この曲めちゃくちゃいいんですよ！」と教えてくれた。ヘッドフォンをはめる。

かっこいい。

『In Walked Bud』という、セロニアス・モンクという人のジャズの曲だった。

かわぞえ&タケイを僕の世界からなきものにして、一人の世界に入って、聴き入る。

いい。やけに公園の街灯が眩しい。白い。

ふと、公園のフェンスの外に、親子が見えた。

乳母車を押したお母さんと、2、3歳くらいの子だ。

まだお母さんに抱っこされたいのか、嫌そうによちよちと歩いている。

子どもがこけた。

お母さんは、子どもが立ち上がるまでずっと待っている。手を貸すでもなく、ずーっと見て待っていた。

ヘッドフォンを音量マックスにして、それ以外の音が消える。真っ白になる。僕すらもいなくなって、世界にその親子だけになった。

子どもが大泣きする。
なかなか立ち上がらない。
抱っこしてほしそうに、暴れながらわざと起き上がらない。
母がちらちら後ろを見ながら空の乳母車を押す。
ぴたっと止まって、「行くよ」とお母さん。
子どもはそれでも泣きながら手をバタバタとさせている。
お母さんは、それを受けてゆっくり前を見て前進する。
やがて、いくら泣いても無駄だと悟った子どもが歩き出す。
しかし、ぱたんとこける。
思わず後ろを振り向いてしまうお母さん。
今にも駆け寄って抱きしめそうだ。東京のアスファルトは痛そうだ。

子どもが、ゆっくりと立ち上がる。

お母さんは子どもを見守ったまま動かない。

極限の愛に見守られながら、一歩一歩ゆっくりと進む。

ようやっと、子どもがお母さんの元にたどり着いた。

抱きしめるお母さん。

爆発泣きする子ども。

そして、2人で手をつないでゆっくりと歩き出した。


なぜなのか僕は、向こう百年はおしっこ出ないぞ、というくらい泣いた。

僕は何度もこけたまま立ち上がれず、立ち上がろうとするけど立ち上がれず、やっと歩いたときには、目の前に待ってくれていたお母さんがいなかったって感じがする。

ゆっくりしか歩けなくなったお母さんの手を引いて、ありがとうと一緒に歩きたかった。

君はうんと大きくなって、お母さんを見守りながら手を引いて歩いてね。

なんて、僕は何を言ってるのでしょうか。もしも、こんな愛されたくてかわいいと思われたいマザコンメンヘラ失敗おとこおんなおじちゃんおばちゃん人間がいたら。

だめだこりゃ。

芸人失格で
人間失格で
生命失格で
生物失格。
全部失格！

でもそんなもん関係ないし、正解なんて誰にもわかんないからやるだけ。今愛されることや幸せなことが正解なのかなんてわからない。けど、なんか、自殺はだめな気がする！

そんなこと言われるのも生ぬるい環境の人もいるだろうけど。

それなら生ききったらお前がナンバーワンだ！とベジータさんも言ってくれるよ、たぶん！ 今だけを切り取って絶望しないで。

僕にもこの先もっと大きな絶望の今が訪れて耐えられないかもしれないけど、それでも生きてた方がいいなと思う。

親も幸せにして、兄弟も幸せにして、彼女を作って、好きな人と結婚して、愛人を作って、子どもも幸せにして、親族全部幸せにして、その全員を等しく愛して、みんなに愛をふりまいて、みんなに愛されて、女の子も男の子も、神様も夢中にさせて。なんでもかんでも思うままうまくいくなんか、幸せすぎてつまんないよ！（いや、楽しいよ絶対）そっちにいけないから思うだけだけど！

もしかしたら全部のことが僕のためかもしれない。
僕こそが天才主人公なのかもしれない。
そうじゃないかもしれない。
そこに向かうための今かもしれない。
そんで本当の本当は天才とか主人公とかそんなことどーでもいい。
負けきることが答えかもしれない。
勝ちきることが答えかもしれない。
虫を助けるのが答えかもしれない。
蚊を爆破するのが答えかもしれない。
みんなに愛されるのが正解かもしれない。
誰にも愛されないのが正解かもしれない。
お茶を飲んだだけで正解かもしれない。

どれだけ楽しく生きても、楽しく生きることが失敗かもしれない。
きっとその人によって正解は違う。
次の人生に向けた今かもしれない。
そんなの全部関係なく、この一回で全て終わりかもしれない。
猫はただただかわいがりたい。
もう決して取り返しがつかない今で、終わりの余韻の人生かもしれない。
「全部違いますよ？？」
うるさい！　静かにして！
まじで何もかもそんなの誰にもわからないよよよ！

お母さん。
僕はあれから少し大きくなって、お金も少しはもらえるようになりました。
そのお金でVRゴーグルを買いました。
完全にエロい目的のためです。
あなたの手を握るはずだった手は、僕のちんこを握っています。
言っていなかったけど包茎手術もしています。手術の痕が残ってギザギザちんこです。

これから、ちんこだけではなく心も大人にしなくてはなりません。心包茎手術をして、ギザギザ心で『ギザギザハートの子守唄』を高らかに歌えるように頑張ります。今の年齢は37歳です。

考えたのだけども、結局のところ、人生に失敗しても、誰かを幸せにできなくても、誰かに恩返しをできなくても、何かに間に合わなくても、全てを懸けた願いが叶わなくても、誰かを救えなくても、嫌なことばかりでも、一人ぼっちでも、自分なんていらないと思っても、どれだけ死にたくなっても、自分が生きてるだけで大成功。優しく生きてりゃたぶんそれでいいでしょう。

生きる理由をひとつひとつゆっくりと増やしながら、私はそう生きる。
死ぬまで生きてね。

あとがき

この本を読んでくださっている、親愛なる読者の皆様、本当にありがとうございます。

この原稿を書いている今、私は角刈りです。

なぜなのかと言いますと、真空ジェシカのおかげで、『相席食堂』の街ブラ－１グランプリに、去年に続き出られることになったからです。

本日、ガクと一緒に角刈りにしてきたばかりです。

ありがとう、真空ジェシカ。

冬を越えるには、頭が、寒い。

地球で生きる法則の逆をいっている。


それはさておき。

本を出版させていただくことが決まり、本になる文字を書いている時間、瞬間、とても幸せでした。

一文字一文字に命が宿ってゆらゆらと動き出したような感覚です。

夢か現か、深夜に本棚の僕の本たちがぴょんぴょんゆらゆらと動き出したことがあります（文字たちが暴れて本も動いたのかもしれない）。

大地から木が育まれ、その木などから紙ができ、その紙に顔料や溶剤や樹脂でできたインクで一文字、一文字、一文字刷り込まれ、製本され、本となり、読んでいただき、一人、一人、一人と脳に届いて、みんなの腸を蠕動《ぜんどう》させて、そしてお手洗いへ（なんか、脳と腸は同じらしいですよ。だから本屋に行くとお手洗いに行きたくなるのでしょう）。

いずれ本棚に収まり、もしくはあなたの枕元に。ちなみに僕の枕元には、中島らもさんの『僕に踏まれた町と僕が踏まれた町』が、なぜかもうずっと置いてあります。

はああ、何て幸せなのだろう。


大槻ケンヂさんに帯コメントを書いていただけることになりました。

うっれしっいな!!

僕は大槻さんの小説が大好きで、大槻さんの本の中を泳ぎまくっていました。すいすいと、なんて気持ちいいんだ、わー楽しいーって泳いだり、こぽこぽぷくぷく溺れたり。

うっれしっいな!!

僕の本棚の、中島らもさんの本たちの隣には、大槻ケンヂさんの本たちがずらりと並んでいます。こんなに嬉しいことはない。ファーストガンダム最終回のアムロ・レイの気持ちがわかる。

この本を買ってくださった皆様、手に取ってくださった皆様、座って読んでくださっている皆様、読書灯の中で寝ながら読んでくださっている皆様。

一昨年、本を出版するお話をくださった編集者様、本の装丁やデザインをしてくださったデザイナー様、最初に連載の機会をくださったJASON RODMAN様、出版してくださったKADOKAWA様。紙に文字を刷ってくださった皆様、加工してくださった皆様、製本してくださった皆様、配本してくださった皆様、置いてくださっている書店様、書店で働いている書店員の皆様。本を作った機械さん、木さん、紙さん、インクさん、ありがとう。

全ての生きている存在にありがとうございます。

そんな感謝感謝のみんなにきちんと顔向けができるよう、一生懸命楽しく書きました!

楽しく読んでくれたらいいなあ。

ほぼ一発書きで、水彩画のようにぷわぷわとわーっと書いているのですが、「ぼくの名前は伊藤幸司です」からなるタイトルのものだけは、原稿ができて編集者さんにお送りしてからも何度も何度もあれやこれやと幾重にも重ね書きして、油絵みたいです！　荒くて油まみれです！

その油文は、この先また何度も文字を重ねるかもしれません。出版とかしなくても、誰に読まれなくても、一人で勝手に死ぬまで書き重ねようと思います。


今書いているこれも本に載るだなんて、本当に嬉しいです。

みんなに読んでほしい！

特に、もう人生どうしようもないとか、なんにも楽しくないとか思っている人に、ふふふと笑ってほしい。幸せいっぱいの人にも、馬鹿だなあ、どうしようもないなあと楽しく読んでほしい。

あなたの家の枕元に置いてほしいのです。

会わなくても、話さなくても、視線を交わさなくても、遠くにいても、コミュニケーションを取らなくても、今を一緒に生きているあなたとお友達になりたいです！

この本を通じて僕と心の中でお友達になりましょう！

僕はずっと布団の上のここにいます。

同じ夢を見て、起きたらなんてことない日々を生きましょう。

お前は何を言っているんだ、夢に入ってくるな！って人は、入ってきた僕をぼっこぼこにぶん殴って夢の外に追い出してください！

夢なのできっと痛くないので大丈夫です。


もしかしたら欲しいものは、何もかもは手に入らないかもしれないけど。

僕は最期の最期まで何も諦めたくありません。

何度でもすぐ折れるけども。

今際の際の際々のその瞬間に、「クソみたいな人生だったじゃん」と思っても、顔面には虚勢をべったり貼り付けて、笑い泣きしようと思います。笑えなくても指を口元にもっていって笑顔を作るし、泣けなくても涙は目薬で流します。


そして僕は、概念になって、全ての壊れそうな人を救いたい。

あなたがもうどうしようもないとき、諦めないという概念としてそばにいたい。

みんな大好きだし大嫌いです！
これからみんな思いっきり幸せになってね！
そしたら僕も幸せです！
なんか人生うまくいかないけど、にへへと生きましょう！

伊藤幸司

初出

本書は、「JASON RODMAN（現Project2）」（2021年6月～2022年9月分）の連載を加筆修正したものです。


「M-1グランプリ2021〝アナザーストーリー〟」

「激ヤバ」

「真夏の芝浜」

「高円寺、怒りの腹パン」

「黄金を抱いて跳べ」

「無敵な自転車で坂道をぶっ飛ばす永遠に」

「第4次スーパーロボット大戦S」

「さよならM-1グランプリ」

「ぼくの名前は伊藤幸司です」

は書き下ろしです。

装丁　大島依提亜
DTP　勝部浩代、アーティザンカンパニー株式会社
編集　馬庭あい（KADOKAWA）

伊藤幸司

1985年生まれ。鳥取県岩美郡出身。NSC時代の同期、国崎和也とお笑いコンビ「ランジャタイ」を結成。ツッコミを担当している。M-1グランプリ2021決勝出場。本作が初めての著書となる。

激《げき》ヤバ

2023年5月12日　初版発行
2024年2月25日　3版発行

著　者／伊藤幸司《いとうこうじ》

発行者／山下 直久
発　行／株式会社KADOKAWA
〒102-8177　東京都千代田区富士見2-13-3
電話0570-002-301（ナビダイヤル）

印刷所／図書印刷株式会社
製本所／図書印刷株式会社

○お問い合わせ
https://www.kadokawa.co.jp/（「お問い合わせ」へお進みください）
※内容によっては、お答えできない場合があります。
※サポートは日本国内のみとさせていただきます。
※Japanese text only

定価はカバーに表示してあります。

ISBN 978-4-04-681542-2 C0095